THÉORIE

DES

CORPS FIBREUX

OU, PLUS EXACTEMENT,

DES APPAREILS RÉSISTANT PAR PRESSION ET TENSION,

EN BOIS, EN FER,

EN TOLE OU EN FONTE DE FER,

PAR M. V. FABRÉ.

Prix : 3 fr.

PARIS
VICTOR DALMONT, ÉDITEUR,
Précédemment Carilian-Gœury et V^or Dalmont;
LIBRAIRE DES CORPS IMPÉRIAUX DES PONTS ET CHAUSSÉES ET DES MINES,
Quai des Augustins, n° 49.

1858

THÉORIE

DES

CORPS FIBREUX.

Tout Exemplaire non revêtu de la signature de l'auteur, sera réputé contrefait.

C.

Paris. — Imprimé par E. Thunot et Ce, 26, rue Racine.

THÉORIE

DES

CORPS FIBREUX

OU, PLUS EXACTEMENT,

DES APPAREILS RÉSISTANT PAR PRESSION ET TENSION,

EN BOIS, EN FER,

EN TÔLE OU EN FONTE DE FER.

PAR M. V. FABRÉ.

PARIS

VICTOR DALMONT, ÉDITEUR,

Précédemment Carilian-Gœury et V[or] Dalmont,

LIBRAIRE DES CORPS IMPÉRIAUX DES PONTS ET CHAUSSÉES ET DES MINES,

Quai des Augustins, n° 49.

1858

AVANT-PROPOS.

Nous disions dans un opuscule sur les charpentes publié en 1851 : « Toutefois nous n'avons pas » traité la flexion des pièces prismatiques chargées » perpendiculairement ou obliquement à leurs lon» gueurs ; si la théorie qui sert à expliquer ce phé» nomène n'est pas irréprochable, cependant les » résultats auxquels on arrive, rectifiés par de nom» breuses expériences, paraissent ne pas s'écarter » sensiblement de la vérité. Du reste nous y revien» drons plus tard, parce qu'à cette question se rat» tache l'examen d'appareils qui ont leur utilité » dans les constructions. » Nous allons tenir cette promesse.

A cette époque l'usage des corps fibreux, ou pour parler plus exactement, des appareils résistant à la fois par pression et tension, se bornait à peu près à l'établissement des planchers et combles. Maintenant de grands viaducs de chemin de fer sont portés par des systèmes de cette nature et les vices de la théorie connue se révèlent de plus en plus. Ici, en effet, il est impossible d'utiliser les résultats d'expériences faites sur des pièces de petite dimension. D'ailleurs, comme il ne s'agit pas de l'emploi de corps directement offerts par la nature, l'adoption des formes les plus avantageuses doit évidemment résulter d'une connaissance théorique parfaite de ces sortes d'appareils.

Mais quels sont donc les vices de la théorie maintenant enseignée? Tous les esprits réfléchis, qui ont fait une étude de ces questions, les connaissent parfaitement; nous ne leur apprendrons donc rien en disant qu'on y avance d'abord très-carrément qu'un système est en équilibre lorsque la somme des moments des forces qui le sollicitent, par rapport à un certain point, est nulle; quant aux deux autres conditions, à savoir l'égalité à zéro de la somme des composantes horizontales et de la somme des composantes verticales, il n'en est pas même question. A la vérité quelques rédacteurs de ces théories, plus scrupuleux qu'habiles, considèrent comme fixe le point par rapport auquel on prend les moments; s'il en était ainsi, en effet, l'équation des moments suffirait pour assurer l'équilibre. Le point dont il s'agit est situé sur l'axe du solide, et on le considère comme fixe parce qu'il ne reçoit ni pression ni tension ; mais on objecte naturellement à cette singulière supposition : ce n'est pas là le caractère des points fixes, ceux-ci au contraire sont en général placés dans les systèmes pour recevoir de pareils efforts, et ont pour mission de les détruire. Ce certain point, qu'on le remarque bien, est un point quelconque de l'axe du solide considéré. Or, si cet axe peut être considéré comme fixe, il est inutile de se torturer l'esprit à la recherche d'un pareil équilibre, le système, dont il s'agit, sera aussi stable que celui d'un corps reposant complétement sur un sol incompressible.

Ce premier pas dans le domaine de la fantaisie n'est, du reste, pas le seul : dans certaines circonstances on ne peut nier que l'axe dit des fibres neutres, que l'on veut faire coïncider *de force* avec celui du solide, est comprimé ou allongé ; on admet alors qu'il existe dans le corps un accourcissement ou un allongement commun, et on néglige d'en tenir compte sous prétexte qu'il ne contribue pas à la flexion. Mais s'il ne contribue pas à la flexion, il peut contribuer à autre chose ; lorsque dans un problème on néglige un des éléments de la question, on en compromet singulièrement la solution. D'ailleurs cet allongement ou accourcissement commun ne contribue-t-il pas réellement à la flexion ? La flexion, on le sait, provient d'un changement de courbure du système ; eh bien ! ce changement peut parfaitement être obtenu par un allongement ou accourcissement de tous les éléments d'une courbe donnée. Imaginons deux arcs de cercles concentriques terminés aux mêmes rayons, supposons qu'on allonge tous les éléments ds du plus petit de manière à égaler ceux ds' du plus grand ; dans ces nouvelles conditions ces deux arcs seront parfaitement égaux, la courbure du plus petit a donc changé puisqu'elle est devenue égale à celle du plus grand.

Une chaîne, une voûte, ne reçoivent que des efforts de tension et de pression ; c'est-à-dire qu'il n'y a qu'allongement dans la première et accourcissement dans la seconde ; cependant elles fléchissent tout aussi bien que les corps fibreux.

Une dernière observation : Les conditions d'équilibre des systèmes rigides et inextensibles laissent indéterminés les efforts transmis aux points fixes lorsqu'il en existe deux ou un plus grand nombre ; cependant dans la nature ces efforts sont parfaitement déterminés. Les géomètres attribuent cette espèce d'anomalie à l'hypothèse de l'invariabilité absolue sur laquelle s'appuie la théorie, hypothèse, il est vrai, purement fictive.

Comme dans l'examen des questions de charpente, il y a nécessairement à considérer les efforts exercés sur les appuis, qui, généralement, se comportent comme des points fixes; on ne peut se flatter d'arriver à une solution complète du problème si l'on ne parvient à déterminer ces efforts. Nous avons rédigé dans ce but un travail inséré à la fin de ce mémoire à titre de note à l'appui : nous sommes arrivé à la détermination analytique des efforts exercés par un système invariable quelconque, sur des points fixes, quel qu'en soit le nombre.

Ce travail, adressé à l'Académie des sciences en 1853 et 1854, n'a pas été examiné : toutefois un des géomètres de la compagnie, qui a été pour nous d'une extrême bienveillance, a bien voulu en aborder la discussion. Pour résoudre ce problème nous supposons les points fixes doués d'une élasticité très-petite, en vertu de laquelle chacun d'eux parcourt un chemin élémentaire proportionnel à l'intensité de l'effort appliqué et dans la direction de cet effort. Le géomètre dont nous parlons n'a pas examiné le travail lui-même, il a fait une autre supposition; au lieu de l'élasticité commune dont nous supposons tous les points fixes animés, il a donné à chacun d'eux une élasticité différente et est arrivé ainsi à l'indétermination. Nous aurions dû faire observer que puisqu'on admettait implicitement la légitimité de l'hypothèse de l'élasticité, il fallait se placer dans des conditions favorables à la solution du problème et non dans celles qui ne donnent aucun résultat. En général, pour traiter une question mathématique, on fait certaines suppositions; toutes peuvent être légitimes, mais toutes ne conduisent pas au but : admettre qu'un problème est insoluble, parce qu'en opérant d'une certaine façon on ne le résout pas, cela ne paraît pas rationnel.

Nous fûmes, malheureusement, trop ambitieux dans cette discussion, nous voulûmes démontrer que l'indétermination trouvée était une conséquence naturelle de l'hypothèse admise ; nous n'y parvînmes pas. L'académicien nous écrivit alors que ses occupations multipliées l'empêchaient de continuer la discussion, et nous n'osâmes pas abuser plus longtemps de sa bienveillance.

Le travail dont il s'agit n'a donc pas reçu la sanction de l'Académie des sciences; nous croyons devoir en prévenir le lecteur.

THÉORIE DES CORPS FIBREUX.

CONSIDÉRATIONS GÉNÉRALES.

1. La rupture d'un corps, posé sur des appuis sous l'action de forces qui tendent à l'appuyer contre eux, paraît, au premier aspect, devoir s'opérer par la désunion des fibres dans le sens transversal, à peu près comme le ferait un trait de scie ; la résistance qu'on nomme transverse semble donc être seule mise en action. Il n'en est cependant presque jamais ainsi ; en général des efforts de pression et de tension se produisent dans le sens de la longueur du corps, et s'il est susceptible d'y résister, l'équilibre s'établit : toutefois la résistance transverse, qu'on a aussi appelée effort tranchant, effort de cisaillement, joue un certain rôle dans cet équilibre, et il est nécessaire de s'en préoccuper.

Les appareils convexes, les voûtes, résistent par pression ; ceux concaves, les chaînes, mettent en jeu la résistance à la tension. Entre ces deux espèces se classent ceux désignés généralement sous le nom de corps fibreux; ils utilisent à la fois ces deux résistances.

Fibres.

2. On appelle fibres les parties élémentaires dont se composent ces derniers; nous admettons cette désignation, sans y attacher toutefois aucun sens relatif à la constitution physique du corps; une fibre est pour nous une partie élémentaire qui résiste soit à la pression, soit à la tension.

Hypothèses.

3. Le problème le plus général à résoudre serait celui-ci : Un corps d'une forme quelconque étant posé sur des appuis et sollicité par des forces données, trouver l'effort qui se développe en un point quelconque de son volume. Dans ces sortes de questions, on fait, et nous ferons aussi les restrictions suivantes : 1° L'axe du corps, c'est-à-dire la ligne, lieu des centres de gravité de toutes les sections normales à sa direction, sera supposé dans un plan vertical. 2° Toutes les forces appliquées seront situées ou susceptibles d'être ramenées dans ce plan. Ces hypothèses sont nécessaires pour dégager le problème de la considération du mouvement de rotation autour de la droite qui joint les appuis. La forme du corps sera d'ailleurs quelconque et les appuis pourront n'être pas de niveau; seulement on supposera chacun de ceux-ci réduit à un point et on se donnera d'abord

les actions transmises par le système à ces appuis. On indiquera plus tard comment ces actions peuvent se déterminer.

Élasticité.

4. Les corps considérés, comme tous ceux offerts par la nature, seront supposés doués d'une certaine élasticité; ils pourront donc changer de forme, entre des limites plus ou moins étendues, sans que leur constitution en soit troublée; ce qui fixe ces limites, c'est la condition de revenir à l'état primitif après la cessation des efforts qui ont occasionné ces changements. On doit faire remarquer du reste que la déformation des corps élastiques s'opère sous l'action des plus petits efforts, les résistances intérieures, qui équilibrent ces derniers, naissent de ces déformations mêmes.

Axe neutre.

5. Ainsi l'axe d'un corps fléchit par l'application de forces quelconques; pendant ce mouvement les fibres les plus rapprochées de la partie supérieure éprouvent en général une certaine compression, tandis que les plus éloignées sont soumises à des efforts de tension. Rien n'échappe à cette double action; toutefois il y a nécessairement entre les parties comprimées et tendues un endroit où le corps ne subit ni l'un ni l'autre de ces efforts.

On admet que dans chaque section perpendiculaire au plan des forces la ligne séparant les parties comprimées et tendues est une droite normale à ce plan ; la surface formée par la suite de ces lignes est donc un cylindre droit, on lui donne le nom de *surface des fibres neutres :* l'intersection de ce cylindre avec le plan des forces s'appelle *axe des fibres neutres.*

6. (*Fig.* 1). Considérons une portion du corps $2.ds$ comprises entre deux sections très-rapprochées normales à l'axe neutre. Celles-ci avaient avant la flexion les positions ab, cd et après celles ab', cd' ; la surface des fibres neutres coupe le plan des forces suivant gki et ab, $a'b'$, cd, $c'd'$ sont les traces des sections précédentes sur ce plan. Ainsi le volume $gklb$ qui a pour longueur $gk = ds$ et pour section σ' s'est accru de la quantité bgb' : or lorsqu'on soumet un corps rectiligne et prismatique à un effort de tension, il s'allonge d'une quantité proportionnelle, 1° à sa longueur, 2° à cet effort; 3° à une quantité m' donnée par l'expérience pour chaque nature de corps et qui n'est autre que l'allongement produit sur un prisme de la substance dont il s'agit ayant une longueur et une section égales à l'unité et sollicité par un effort aussi égal à l'unité, et 4° en raison inverse de sa section. La distance gk étant très-petite, le corps $gklb$ peut être considéré comme prismatique et rectiligne, et en le supposant sollicité par une force de tension φ', il s'allongera de la quantité $\frac{m'\varphi' ds}{\sigma'}$. Cet allongement moyen, multiplié par σ', égalera le volume bgb' ; mais ce volume peut être consi-

déré comme engendré par la révolution de la surface σ' autour de l'horizontale projetée en g, il égale donc cette section multipliée par l'espace parcouru par son centre de gravité ; cet espace est donc $\frac{m'\varphi' ds}{\sigma'}$.

De même la compression de la partie supérieure engendre le volume aga' qui égale $m\varphi ds$; l'espace parcouru par le centre de gravité de ce volume est par suite $\frac{m\varphi ds}{\sigma}$, m, φ, σ représentant des quantités analogues aux précédentes.

7. Il est bien entendu que les forces φ' et φ qui produisent ces augmentation et diminution de volume agissent suivant la longueur ds de l'élément considéré, c'est-à-dire perpendiculairement à la section ab; celles qui s'exerceraient dans le sens de cette section ne produiraient évidemment aucun changement de volume. Lors donc que les forces intérieures développées sur une section quelconque du solide, pour l'établissement de l'équilibre, ne seront pas normales à cette section, les composantes normales seules contribueront aux changements de volume dont il s'agit. La considération de ces volumes conduit comme nous le verrons bientôt, à la détermination des forces φ' et φ, mais ne peut naturellement rien apprendre sur l'intensité des composantes agissant dans le sens des sections. Par conséquent si l'on ne peut établir de relations entre ces composantes, la connaissance de celles normales à la section ne conduira pas à grand'-chose.

8. Lorsqu'un corps porté sur deux appuis fléchit sous l'action des charges qu'il supporte, les sections normales à l'axe des fibres neutres se déplacent comme nous venons de l'indiquer ; ce mouvement n'est pas particulier à ces sections, chaque élément de cet axe comme *gk*, ou plutôt le plan tangent à la surface des fibres neutres qui était d'abord dans la postion *g'k*, prend après la flexion celle *gk*, de telle sorte que l'angle *gkg'* égale l'angle *bgb'* et de même l'élément contigu décrit un angle *iki'* égal à *did'*. Il en est encore ainsi lorsqu'au lieu de supposer les sections *ab*, *cd* normales à l'axe des fibres neutres, on leur donne une direction verticale perpendiculaire au plan des forces. Dans ce dernier cas, comme dans le premier, les angles *gkg'*, *bgb'* sont égaux ; mais alors les volumes décrits sont proportionnels aux composantes horizontales, et la connaissance de celles-ci amène facilement la détermination des composantes verticales.

Équation générale de l'axe des fibres neutres.

9. (*Fig.* 2). Considérons un solide quelconque posé sur deux appuis A, B situés dans le plan des forces, qui est vertical et contient l'axe du solide. Soient, Q et Q', f et f' les composantes verticales et horizontales des réactions opposées par les appuis lorsque le système est en équilibre; (F, q), (F', q') les composantes horizontales et verticales des pressions et tensions développées sur une section verticale quelconque tracée perpendiculairement au plan

des forces entre l'appui A et la résultante générale de toutes les forces appliquées au système ; R et φ les composantes verticales et horizontales des forces appliquées entre l'appui A et la section verticale considérée. Le point A étant pris pour origine des coordonnées, on désignera par χ et γ les coordonnées du point o, par x et y celles du point t où l'axe des fibres neutres coupe la section considérée, et par u et u' les distances tu, tu' des forces F, F' à ce dernier point.

Le système est supposé dans sa position d'équilibre après que tous les mouvements de flexion sont effectués. La portion comprise entre l'appui A et la section uu' est aussi en équilibre sous l'influence des huit forces Q, f, R, φ, F, F', q, q'; on a donc : $q + q' = Q - R$; $F' - F = f + \varphi$, et $F(y + u) - F'(y - u') = (q + q')x + R\chi - \gamma\varphi$. Remplaçant dans cette dernière F par $F' - f - \varphi$ et $q + q$ par $Q - R$ et réduisant, on en déduit :

$$F' = \frac{(f + \varphi)(y + u) + R\chi + (Q - R)x - \gamma\varphi}{u + u'}$$

Q et f étant supposés connus, toutes les quantités du second membre peuvent s'exprimer en fonction de y et de x, si d'ailleurs on s'est donné la répartition des forces extérieures et si la forme du corps dans sa position d'équilibre est connue. Cherchons donc une expression F' en fonction des coordonnées y et x, et nous aurons l'équation de l'axe neutre.

10. Par hypothèse l'horizontale projetée en t divise la section uu' en deux parties σ, σ' dont la première

résiste à la pression et la deuxième à la tension. Les espaces parcourus par les centres de gravité de ces aires, dans le mouvement de flexion, sont exprimés par $\frac{m\mathrm{F}dx}{\sigma}$ et $\frac{m'\mathrm{F}'dx}{\sigma'}$ (6). Ici, en effet, l'élément $mnuu'$ considéré, est compris entre deux plans verticaux parallèles séparés par l'intervalle dx, et les quantités ci-dessus indiquent l'accourcissement ou l'allongement qu'il prend sous l'action des forces F et F'. Si l'on désigne par E et E' les distances de ces centres de gravité à l'axe des fibres neutres, à cause de la similitude des triangles, les espaces précédents seront proportionnels à ces distances ; on aura : $\frac{m\mathrm{F}dx}{\sigma}$: $\frac{m'\mathrm{F}dx'}{\sigma'}$: : E : E'. Remplaçant F par sa valeur F' — f — φ et déduisant F', on trouve :

$$\mathrm{F}' = \frac{\mathrm{E}'\sigma' m\,(f+\varphi)}{\mathrm{E}'\sigma' m - \mathrm{E}\sigma m'}$$

Les quantités m, m', f, φ sont données, E, E', σ, σ' peuvent s'exprimer en fonctions de x et y ; l'équation de l'axe neutre est donc, en posant $m' = m$:

$$\frac{\mathrm{E}'\sigma'\,(f+\varphi)}{\mathrm{E}'\sigma' - \mathrm{E}\sigma} = \frac{(f+\varphi)\,(y+u) + \mathrm{R}\chi + (\mathrm{Q}-\mathrm{R})\,x - \varphi\gamma}{u+u'}.$$

Équations des courbes des centres de pression et de tension.

11. La suite des points u et u' forme ce qu'on

appelle les courbes des centres de pression et de tension; les équations de ces lignes se déduisent facilement de celle de l'axe neutre, puisqu'aux mêmes abscisses correspondent pour l'une et l'autre des ordonnées $y' = y + u$, $y'' = y - u'$. Il suffit donc de substituer les valeurs de y tirées de ces dernières dans l'équation de l'axe neutre; les relations ainsi obtenues entre x et y' d'une part et x et y'' d'autre part, appartiendront aux courbes dont il s'agit.

Valeurs des composantes verticales des pressions et tensions.

Nous n'avons jusqu'à présent déterminé que la somme $q + q'$ des composantes verticales des forces intérieures qui peuvent être de même signe ou de signe contraire : on obtiendra chacune d'elles séparément par l'observation suivante : En général la résultante des pressions qui se développent sur une section quelconque n'est pas tangente à la courbe des centres de pression; cela tient à ce que la résistance de pression s'unit à celle de frottement pour développer cette résultante (*); mais quant à la résultante des tensions, elle provient de la seule résistance à la tension et doit

(*) On objectera peut-être qu'ici le solide étant sans solution de continuité, il ne peut y avoir de frottement, cette résistance ne se développant que sur deux surfaces en contact. Mais ce sont alors les résistances qu'on a désignées sous les noms de tranchante, traverse, qui remplacent ce frottement.

toujours être tangente à la ligne des centres de tension. En différenciant donc l'équation de cette ligne et égalant le coefficient différentiel à $\frac{q'}{F'}$, on en déduit q' et par suite q qui égale $Q - R - q'$ (q' et q pouvant être de même signe ou de signe contraire).

Limites des efforts qu'on peut faire supporter à un système donné.

12. Un corps posé sur deux appuis et soumis à l'action de forces extérieures, subit en ses divers points des efforts de pression et de tension; il faut pour la stabilité des constructions que ces efforts demeurent toujours dans les limites de l'élasticité relatives à la matière employée (4). Le centre de gravité de la section σ' parcourt, comme nous l'avons vu, l'espace $\frac{m'F'dx}{\sigma'}$; ainsi un petit prisme ayant pour section l'unité et pour longueur dx placé à la distance E' de l'axe neutre s'allonge de cette quantité; s'il avait pour longueur l'unité, il s'allongerait de $\frac{m'F'}{\sigma'}$, et comme sous un effort égal à l'unité cet allongement serait m', il en résulte que l'effort développé à cet endroit sur l'unité de section est $\frac{F'}{\sigma'}$; par conséquent celui développé en un endroit quelconque situé à la distance δ de l'axe neutre (cette distance étant comptée vertica-

lement) est donnée par la proportion $E' : \frac{F'}{\sigma'} :: \delta : z$; il égale $\frac{F'\delta}{E'\sigma'}$. Le solide étant donné on a, ou on peut obtenir, les équations $\gamma = \psi(x)$ et $\gamma' = \psi'(x)$ des lignes qui rencontrent chaque section verticale *uu'* (*fig.* 2) aux points les plus éloignés de l'axe neutre : ainsi dans l'une quelconque de ces sections les points situés aux distances $\gamma' - y$ et $y - \gamma$ sont les plus comprimés et les plus tendus, et les efforts qui s'y produisent ont pour valeurs $\frac{(\gamma' - y)F}{E\sigma}$, $\frac{(y - \gamma)F'}{E'\sigma'}$ dans lesquelles γ', γ, y, F', F, σ', σ, E' E sont des fonctions connues de x. Cherchant les maxima de ces deux expressions, elles devront être inférieures aux limites de l'élasticité de la matière employée.

Équation de l'axe du solide avant et après la flexion.

13. (*Fig.* 3.) Nous avons toujours considéré le corps dans la situation d'équilibre, c'est-à-dire après l'accomplissement de tout son mouvement de flexion ; mais comme il est au contraire donné dans sa position primitive, il est nécessaire de pouvoir déduire la première de la seconde ou réciproquement. Pour y parvenir, faisons d'abord observer que les volumes décrits pendant la flexion étant *aca'*, *bcb'*, pour une section quelconque, l'espace parcouru par le centre de gravité *g* de la section totale sera : *gg'*. Si l'on

mène un plan $dg'e$ parallèle à ab', je dis que le volume $dab'e$ est égal à la différence des volumes $b'cb - aca'$; en effet, g' étant le centre de gravité de la section totale, la distance d' du centre de gravité de la section $g'e = s'$, à ce point, multipliée par cette section, est égale à la distance d du centre de gravité de la section $g'd = s$ au même point g', multipliée par cette section, on a donc : $s'd' = sd$; mais e' et e étant les espaces parcourus par ces centres de gravité on a à cause de la similitude des triangles $e : e' :: d : d'$, par suite $e's' = es$, donc le volume $eg'b$ égale le volume $a'g'd$. Cela posé, le volume $bcb' - aca' = cg'eb' + eg'b - aca' = cg'eb' + dg'a' - aca' = adeb'$. L'accourcissement occasionné dans le solide par le déplacement de la section ab' égale donc gg'; mais en conservant les notations précédentes, les volumes bcb', aca' sont représentés par $mFdx$, $mF'dx$; donc le volume $dab'e = m(F-F')\,dx = mfdx$; et en désignant par S la section ab' l'espace $gg' = \frac{mfdx}{S}$.

14. Ainsi les forces F′, F qui déterminent le mouvement de flexion, peuvent être remplacées par trois autres, l'une f agissant au centre de gravité de la section totale proportionnelle au volume $adeb'$ et les deux autres φ proportionnelles aux volumes égaux $g'eb$, $g'a'd$ et agissant aux centres de gravité de ces volumes.

On appelle angle de contingence l'angle aigu formé par deux éléments consécutifs ds d'une courbe quelconque; la tangente de cet angle a pour mesure

$\dfrac{\dfrac{d^2y'}{dx'}}{1+\left(\dfrac{dy'}{dx'}\right)^2}$, y' et x' représentant les coordonnées de la courbe dont il s'agit. Or, si cette courbe est celle de l'axe primitif, cet angle par l'effet de la flexion diminuera de l'espace angulaire décrit par la section considérée, si l'on désigne par s la section $g'e$ et par e la distance de son centre de gravité au point g', l'espace parcouru par ce centre de gravité égale $\dfrac{m\varphi dx}{s}$, en posant donc la proportion :

$$e : \frac{m\varphi dx}{s} :: 1 : z, \qquad z = \frac{m\varphi dx}{es}$$

sera la mesure de l'angle cherché. On aura donc, en désignant par x et y les coordonnées de l'axe du solide dans la position d'équilibre,

$$\frac{\dfrac{d^2y}{dx}}{1+\left(\dfrac{dy}{dx}\right)^2} = \frac{\dfrac{d^2y'}{dx'}}{1+\left(\dfrac{dy'}{dx'}\right)^2} - \frac{m\varphi dx}{se}.$$

Mais dx et dx' n'ont pas la même valeur dans les deux courbes, nous venons de voir qu'on a

$$dx' = dx\left(1 \pm \frac{mf}{S}\right) \text{(*)}$$

(*) Au premier aperçu ces valeurs différentes de dx choquent toutes les idées reçues sur cette quantité, ordinairement constante et invariable en longueur. Mais il convient de faire remar-

Le signe plus se rapportant au cas où la force f agit par pression, et le signe moins à celui où elle agit par tension, on a donc

$$\frac{\frac{d^2y}{dx}}{\left(1+\frac{dy}{dx}\right)^2} = \frac{\frac{d^2y'}{dx\left(1\pm\frac{mf}{S}\right)}}{1+\left(\frac{dy'}{dx\left(1\pm\frac{mf}{S}\right)}\right)^2} - \frac{m\varphi dx}{se}.$$

Posant $\frac{dy'}{dx\left(1\pm\frac{mf}{S}\right)} = z\,dt$. Par suite, en admettant qu'il s'agisse d'un corps prismatique et que S soit constant : $\frac{d^2y'}{dx\left(1\pm\frac{mf}{S}\right)} = dz$; ces valeurs introduites dans la relation ci-dessus donnent

$$\frac{dz}{1+z^2} = \frac{\frac{d^2y}{dx}}{1+\left(\frac{dy}{dx}\right)^2} + \frac{m\varphi dx}{se}.$$

Lorsque l'équation de l'axe dans la position d'équilibre est donnée le second membre de cette dernière expression est une fonction comme $\varpi''(x)$ de x.

---

quer qu'il s'agit ici de deux courbes différentes qui viennent bien se rencontrer sur l'axe des y, mais dont ces points mêmes ne sont pas homologues, c'est-à-dire n'appartiennent pas au même point de l'axe du solide.

Intégrant une première fois, il vient

$$\text{arc tang } z = \varpi'(x) + c$$

$\varpi'(x)$ désignant l'intégrale de $\varpi''(x)dx$; par suite

$$z = \frac{1}{1 \pm \frac{mf}{S}} \frac{dy'}{dx} = \text{tang}\,(\varpi'(x) + c)$$

et une deuxième intégration fournit l'équation cherchée de l'axe primitif

$$\frac{y'}{1 \pm \frac{mf}{S}} = c' - \log.\cos.\,(\varpi'(x) + c).$$

Le logarithme dont il est ici question est un logarithme népérien.

Posant $\dfrac{y'}{1 \pm \frac{mf}{S}} = Y$, elle devient

$$Y = c' - \log\cos.\,[\varpi'(x) + c)\,].$$

15. Si l'axe est rectiligne dans sa position d'équilibre, on a $\dfrac{\frac{d^2y}{dx}}{1 + \left(\frac{dy}{dx}\right)^2} = 0$, et l'équation de l'axe du solide dans la situation primitive se réduit à

$$Y = c' - \log.\cos\left(\int \frac{m\varphi dx}{sc} + c\right).$$

Enfin si cet axe est horizontal dans sa position

d'équilibre, comme la flexion est toujours très-petite, on pourra supposer que l'arc dont la tangente est $\frac{1}{1+\frac{mf}{S}}\frac{dy'}{dx}$ se confond avec cette tangente, il viendra alors :

$$\frac{1}{1+\frac{mf}{S}}\frac{dy'}{dx}=\int\frac{m\varphi dx}{se}+c \text{ et } Y=\int\left(\int\frac{m\varphi dx}{se}+c\right)dx+c'.$$

Il en sera d'ailleurs de même toutes les fois que cet axe ne s'écartera pas sensiblement de l'horizontale dans les deux positions.

Quant à la quantité $\frac{m\varphi}{se}$, m est, comme on le sait, une quantité constante pour chaque nature de corps ; de plus, si le solide est prismatique, s et e sont aussi constants, et φ se déduit directement des données du problème. En effet (*fig.* 3 *bis*), mn étant une section verticale quelconque faite dans le solide, o le centre de gravité de cette section dont les coordonnées sont x et y, R la résultante des forces appliquées entre A et la section dont il s'agit, les forces f, Q, R, φ, φ et $q+q'$ seront en équilibre, et si l'on fait observer que la distance $mn=\frac{2}{3}h$ est constante, il viendra

$$\frac{2}{3}\varphi h=fy+(Q-R)x+R\chi.$$

Ces résultats donnent la solution de ce problème :

Trouver la forme primitive à donner à l'axe d'un corps, pour qu'il ait une forme donnée lorsqu'il est en équilibre.

Efforts exercés sur les appuis. Points d'application de ces efforts.

16. Nous avons supposé les appuis réduits à un point et nous nous sommes donné les efforts qui y sont exercés ; il s'agit d'obtenir la direction et l'intensité de ces forces lorsque le corps porte sur une surface déterminée. Quant au point d'application, il est évidemment dans le plan des forces, le doute ne peut donc exister que sur la longueur de la ligne commune au corps et à l'appui ; ce doute est difficile à lever. Il dépend d'abord de l'élasticité de l'appui. Si, en effet, celui-ci était complétement rigide, la moindre flexion du corps, supposé rectiligne dans sa position primitive, porterait cette pression sur l'angle intérieur des appuis ; il dépend encore de l'amplitude de la flexion. Quoi qu'il en soit, si l'on pouvait déterminer l'étendue de cette ligne commune, le point d'appui serait placé au $\frac{1}{3}$ de cette longueur, à partir de l'intérieur dans le cas d'un axe concave, et aux $\frac{2}{3}$, à partir du même endroit, si cet axe est convexe. Dans le premier cas, en effet, la ligne commune est très-fortement comprimée à l'intérieur, cette compression diminue ensuite et devient nulle au dernier

point commun au corps et à l'appui. Les choses se passent en sens inverse pour un axe convexe. Cette règle même peut être modifiée par la disposition que présentent les surfaces d'appui et il faudra, dans chaque circonstance, faire une étude particulière.

17. Quant aux efforts exercés en ces endroits, ils se déterminent comme il suit : si la résultante générale des forces appliquées est normale à la droite, située dans le plan de ces forces, qui joint les appuis, ou si, n'étant pas normale, elle passe par le milieu de cette ligne en décomposant cette résultante en deux parallèles agissant sur ces appuis, on aura les efforts cherchés dans l'hypothèse où le système serait invariable de forme, si d'ailleurs ces points présentent les réactions nécessaires pour équilibrer ces efforts ; mais comme cette invariabilité n'existe pas, il est nécessaire de tenir compte des modifications que peut apporter la flexion à cet état de choses.

Cette flexion tend à faire mouvoir le corps sur les appuis, de dehors en dedans si son axe est concave vers le ciel, de dedans en dehors s'il est convexe : ces mouvements sont arrêtés en partie ou en totalité par le frottement exercé en ces endroits ; de là, un effort soit dans un sens, soit dans l'autre suivant la direction de la ligne qui joint ces deux points. Si on désigne par P et P' les composantes parallèles, de la résultante de toutes les forces appliquées, agissant sur les appuis, et par α l'angle formé par la direction de ces forces avec la ligne qui joint ces points ; $P \sin \alpha$ et $P' \sin \alpha$ seront les pressions normales exercées par P et P′ sur les surfaces d'appui K désignant le coefficient de frottement PK sin α et P′K sin α représenteront les intensités du frottement exercé sur ces surfaces pendant le mouvement de flexion : en résumé donc un appui sera sollicité par la résultante de P et de PK sin α; les composantes verticales et horizontales de cette force sont les quantités que nous avons désigné par Q et f; si chaque appui donne une composante horizontale différente, la plus faible des deux égalera f.

Ordinairement la résultante générale de toutes les forces appliquées a, à peu près, la situation que nous avons indiquée et nous ne traiterons pas cette question dans toute sa généralité : nous renvoyons à la note insérée à la fin de cet ouvrage ceux qui voudraient une solution plus complète; le paragraphe intitulé *efforts exercés par une verge sur deux points fixes* est relatif à cet objet.

Application à un solide rectiligne à section rectangulaire. Axe neutre.

18. Pour fixer les idées, appliquons les principes précédents à une poutre à section rectangulaire posée horizontalement sur deux appuis et sollicitée par des poids uniformément répartis : supposons de plus que dans la situation d'équilibre l'axe de ce corps soit rectiligne, nous déterminerons plus tard la flèche qu'il devait avoir avant la flexion pour arriver à cette position : si l'on prend pour axe des x la ligne

inférieure du solide et pour axe des y la verticale qui passe par l'appui de gauche on aura :

$$\varphi = 0, \quad u = \frac{2}{3}(h - y), \quad u' = \frac{2}{3}y, \quad E' = \frac{1}{2}y,$$

$E = \frac{1}{2}(h - y)$, $\sigma = (h - y)$, $\sigma' = y$; h désignant la hauteur de la section dont la base égale l'unité. D'ailleurs si l'on appelle $2l$ la longueur comprise entre les appuis et p le poids uniforme par mètre courant on a aussi $Q = pl$, $R = px$, $\chi = \frac{1}{2}x$ et $f = Kpl$, (K désignant le coefficient de frottement du corps sur l'appui). Ces valeurs introduites dans l'équation générale de l'axe neutre (10) donnent :

$$\frac{Kply^2}{y^3 - (h - y)^2} = \frac{2Kpl(y + 2h) + 3p(2l - x)x}{4h}$$

qui se réduit à :

$$y = \frac{h}{2} - \frac{Klh^2}{6(x^2 - 2lx - Klh)}.$$

Pour $K = 0$ on trouve $y = \frac{1}{2}h$; si le frottement est nul l'axe neutre coïncide donc avec celui du corps; c'est donc seulement dans une hypothèse purement théorique que l'axe neutre a la position qu'on lui assigne ordinairement; il en diffère dans toute autre circonstance. Pour $x = 0$, lorsque K n'est pas nul, on trouve $y = \frac{2}{3}h$, pour $x = l$, $y = \frac{h}{2} + \frac{Kh^2}{6(l + hK)}$, quantité comprise entre $\frac{1}{2}h$ et $\frac{2}{3}h$; y va d'ailleurs en diminuant entre ces deux positions, la courbe remonte ensuite et est divisée en deux parties symétriques par la verticale passant au milieu de la distance des deux appuis; pour $x = 2\,l$ on retrouve $y = \frac{2}{3}h$, x augmentant encore la quantité, $x^2 - 2lx$ devient positive et va en augmentant jusqu'à ce qu'elle atteigne la valeur de la quantité Klh; dans ces mêmes circonstances, y toujours positif augmente depuis $\frac{2}{3}h$ jusqu'à l'infini positif; enfin x augmentant encore y devient négatif et va en diminuant depuis l'infini négatif jusqu'à zéro. A ce moment qui a lieu lorsque $\frac{h}{2} = \frac{Klh^2}{6\,(x^2 - 2\,lx - Klh)}$ la courbe coupe l'axe des x et cette abscisse continuant à croître, y redevient positif et augmente depuis zéro jusqu'à $\frac{1}{2}h$, pendant que x augmente jusqu'à l'infini. On retrouve du côté des x négatifs une forme symétrique.

Ainsi *ab* étant le milieu du prisme donné, l'axe neutre aura la forme de la figure 4. Ici la force f est supposée agir dans la direction cf, c'est-à-dire par tension; si elle opérait en sens opposé l'équation de la courbe s'obtiendrait en changeant le signe de K, on aurait :

$$y = \frac{1}{2}h + \frac{Klh^2}{6\,(x^2 - 2lx + Klh)}$$

La figure 5 est un dessin de la courbe représentée par cette équation.

Dans le premier cas les parties supérieure et inférieure sont respectivement comprimées ou tendues sur toute leur longueur. Il en est de même ici vers le milieu ; mais aux extrémités, c'est au contraire la partie supérieure qui est tendue et l'inférieure comprimée ; ces deux portions sont d'ailleurs séparées par une partie comprimée sur toute la hauteur h. Au premier aperçu ce résultat paraît étrange, surtout pour ceux qui ont étudié la théorie de Navier, le doute n'est cependant pas possible ; car l'expérience a parlé. M. Desplaces ingénieur des ponts et chaussées, avec lequel nous avons fait diverses épreuves expérimentales, a eu l'idée d'observer les allongements et raccourcissements que prend une poutre en sapin chargée de diverses façons au moyen d'une lunette permettant de lire très-couramment des variations de longueur d'un trentième de millimètre et il a précisément constaté les circonstances que présente la figure 5.

Courbes des centres de pression et de tension.

19. Les courbes des centres de tension et de pression se déterminent en remarquant qu'on a $y'' = \frac{1}{3} y$ et $y' = y + \frac{2}{3}(h - y)$; (y' et y'' désignant les ordonnées de ces courbes). La substitution de $y = 3\,y''$ et

$y = 3y' - 2h$ dans l'équation de l'axe neutre donnera celles des lignes cherchées. Toutefois, dans la partie du solide de la figure 5 dépourvue d'axe neutre, et tout entière comprimée, l'équation trouvée ne sera pas applicable, et voici pourquoi : l'ordonnée du point i de l'axe neutre étant négative, celle de la courbe des centres de pression est $y' = -y + \frac{2}{3}(h + y) = -i'i + \frac{2}{3}ii''$; il semble donc que le point cherché est aux $\frac{2}{3}$ de la distance ii'' ; il en serait ainsi si le triangle élémentaire $ii'n$ se produisait pendant la flexion en développant une résistance à la pression comme le corps lui-même ; mais comme il n'y a pas de matière à cet endroit, toute la résistance provient du volume trapézoïdal $nn'i''i'$, et le centre de pression se trouve au centre de gravité de ce trapèze. Ainsi, dans l'intervalle compris entre les points g et m, la courbe des pressions se déterminera en prenant les centres de gravité des trapèzes analogues à $i'nn'i''$ aux points m et g, les centres de pression se trouvent aux $\frac{2}{3}$ de la hauteur h à partir de ces points, et sur la verticale oo' ce centre est au milieu de cette hauteur. L'appareil se comporte donc en cet endroit comme une véritable voûte dont la poussée est f. Nous avons indiqué sur la figure 5 la position des trois courbes.

20. Si dans l'équation

$$y = \frac{1}{2} h + \frac{Klh^2}{6(x^2 - 2lx + Klh)}$$

on pose $Klh = l^2$ d'où $K = \frac{l}{h}$, elle devient

$$y = \frac{1}{2} h + \frac{l^2 h}{6(x-l)^2};$$

alors la verticale oo' de la figure 5 passe au milieu du solide; d'ailleurs y étant toujours plus grand que $\frac{1}{2} h$, la courbe se réduit aux deux branches supérieures; elles ont pour asymptote commune la verticale qui passe par le milieu du solide et l'axe de ce solide.

Si K est plus grand que $\frac{l}{h}$, la courbe prend alors la forme (*fig.* 6) et son sommet a est d'autant plus élevé, que la différence entre ces deux quantités est plus petite. On a remarqué sans doute que l'axe neutre coupe toujours la verticale à l'aplomb de l'appui aux deux tiers de la hauteur h, lorsqu'il rencontre cette section. La raison en est bien simple; il faut, en effet, que les moments des tension et pression pris par rapport au point c, moments qui tendent à faire tourner le système en sens opposé, il faut, dis-je, que ces moments soient égaux, ce qui exige que l'axe neutre passe aux $\frac{2}{3}$ de la hauteur à partir du point c.

Lorsqu'on met en œuvre des matières qui résistent

mal à la tension, comme la pierre et la fonte, il est, comme on le voit, fort utile de développer des compressions aux extrémités; on y parvient en cintrant légèrement la poutre et en arrêtant ses extrémités sur l'appui.

21. Examinons maintenant le cas où la force f, agissant par tension, est appliquée, non plus au point d'appui, mais à une hauteur δ au-dessus de ce point. L'équation générale de l'axe neutre est alors, en supposant $\varphi=0$ (*fig.* 2) :

$$\frac{(Q-R)x+R\chi+f(y+u-\delta)}{u+u'}=\frac{f\sigma'E'}{\sigma'E'-\sigma E}$$

et celle de la poutre à section rectangulaire :

$$y=\frac{1}{2}h-\frac{Klh^2}{6(x^2-2lx+Kl(2\delta-h))}=\frac{1}{2}h-\frac{h^2f}{6p\left[x^2-2lx+\frac{f}{p}(2\delta-h)\right]}$$

Si $2\delta=h$, l'équation se réduit à

$$y=\frac{1}{2}h-\frac{Klh^2}{6(x^2-2lx)}=\frac{1}{2}h-\frac{\frac{h^2f}{p}}{6(x^2-2lx)}.$$

Il est facile de voir que la forme de cette courbe est celle indiquée figure 4, seulement les asymptotes passent par les appuis.

Si $\delta=h$, l'équation est absolument semblable à celle de la figure 5, sauf le changement de signe du second terme; les deux courbes se déduisent donc l'une de l'autre, et si K a la même valeur, elles seront identiques de forme et placées symétriquement par rapport à l'axe du corps, l'une au-dessous, l'autre au-dessus.

Si la force f est appliquée à diverses hauteurs entre les positions précédentes, les branches de l'axe neutre auront toujours des formes analogues; il y aura un simple déplacement des verticales asymptotes. Situées à l'aplomb même des appuis pour $\delta = \frac{1}{2} h$, elles sont placées en dehors de ces appuis lorsque le point d'application est au-dessous de l'axe du corps, et en dedans, lorsqu'il est au-dessus.

22. Si f agit par pression en un point quelconque de la hauteur h, il suffira, pour avoir l'équation de l'axe neutre, de changer le signe de f dans la précédente, on aura :

$$y = \frac{1}{2} h + \frac{h^2 f}{6p \left[x^2 - 2lx - \frac{f}{p} (2\delta - h) \right]}$$

pour $h = 2\delta$, on a un axe identique à celui correspondant à la même valeur lorsque f agit par tension; mais il est placé en sens opposé, et symétriquement par rapport à l'axe du solide.

Si $\delta = h$ l'équation précédente devient: $y = \frac{1}{2} h + \frac{h^2 f}{6p \left(x^2 - 2lx - \frac{fh}{p} \right)}$; elle est absolument semblable à celle de la figure (4), sauf le changement de signe du deuxième terme, les deux courbes se déduisent donc l'une de l'autre, et si f a la même valeur, elles sont identiques de forme et placées symétriquement par rapport à l'axe du corps.

Lorsque $\delta = \frac{1}{2} h$, l'axe neutre rencontre celui des abscisses en un point donné par la relation $x^2 - 2lx + \frac{hf}{3p} = o$ et si $\frac{hf}{3p} = l^2$ cet axe est tangent au milieu de la ligne inférieure du solide : alors, à part ce point de contact qui n'est ni comprimé ni tendu, toutes les autres parties du système reçoivent des efforts de compression ; la poussée des plates-bandes composées de plusieurs voussoirs doit donc égaler au moins la valeur de $f = \frac{3pl^2}{h}$, si l'on ne veut pas qu'il y ait ouverture à l'intrados des joints de la clef.

Axe du solide avant et après la flexion.

23. Proposons-nous maintenant de déterminer la position primitive à donner à l'axe du solide pour qu'il soit rectiligne lorsqu'il est en équilibre. Dans ces circonstances particulières nous avons trouvé (15) :

$$\frac{S}{S + mf} \frac{dy'}{dx} = \frac{m}{se} \int \varphi dx + c \text{ et } \varphi = \frac{3 [-fy + (Q - R) x + R\chi)]}{2h},$$

on a

$$s = \frac{1}{2} h, e = \frac{1}{4} h, y = \frac{1}{2} h, \ (Q - R) x + R\chi = \frac{p (2l - x) x}{2}$$

et par suite

$$\varphi = 3\frac{[-fh + p\,(2l - x)\,x]}{4h}.$$

Il vient donc, en faisant observer qu'on a aussi $S = h$,

$$\frac{h}{h+mf}\frac{dy'}{dx} = \frac{6mp}{h^3}\int\left(-\frac{fh}{p} + 2lx - x^2\right)dx + c = \frac{6mp}{h^3}\left(-\frac{fh}{p}x + lx^2 - \frac{x^3}{3}\right) + c$$

et en intégrant une deuxième fois

$$\frac{h}{h+mf}\,y' = \frac{6mp}{h^3}\left(-\frac{fh}{2p}x^2 + \frac{lx^3}{3} - \frac{x^4}{12}\right) + cx + c'.$$

Pour $x = o$, on a : $y' = \frac{1}{2}h$, donc $c' = \frac{h^2}{2(h+mf)}$
pour $x = 2l$ on a également $y = \frac{1}{2}h$, ce qui donne $c = \frac{6mpl}{h^3}\left(-\frac{2}{3}l^2 + \frac{fh}{p}\right)$ et par suite l'équation de l'axe avant la flexion est :

$$\frac{h}{h+mf}y' = \frac{h^2}{2(h+mf)} + \frac{6mp}{h^3}\left[\left(-\frac{2}{3}l^3 + \frac{fhl}{p}\right)x - \frac{fh}{2p}x^2 + \frac{lx^3}{3} - \frac{x^4}{12}\right]$$

La valeur de y correspondant à $x = l$ donnera la flèche de cette courbe ; en en retranchant toutefois l'ordonnée $\frac{1}{2}h$ des extrémités, on trouve :

$$E = \frac{(h+mf)\,pml^2}{2h^4}\left(5l^2 - 6\frac{fh}{p}\right).$$

Ici la quantité m désigne l'accourcissement exercé par l'unité de force sur un prisme d'un mètre carré de section et d'un mètre de longueur. L'unité de force étant le kilogramme, on a pour le fer

$$m = \frac{1}{20.000.000.000}$$

pour la fonte

$$m = \frac{1}{12.000.000,000}$$

et pour le bois

$$m = \frac{1}{1.200.000.000}$$

En développant arficiellement des efforts horizontaux aux extrémités de manière à avoir $5l^2 = \frac{6hf}{p}$, ou ce qui revient au même $5l^2 = 6hk$, on aurait donc un solide qui ne fléchirait pas ; ceci s'explique facilement. Dans cette hypothèse f est une force active qui tend à produire une flexion en sens inverse, et peut, par conséquent, contre-balancer celle résultant des poids appliqués.

Influence de la force horizontale f sur la résistance du solide.

24. Conformément à ce que nous avons vu (13), on peut remplacer les deux forces F, F′ de pression et de tension par trois autres, l'une f, agissant sur l'axe du solide, les deux autres égales que nous désignons par φ, appliquées aux centres de gravité des volumes décrits, dans le mouvement de flexion, par les deux

parties de la section situées au-dessus de l'horizontale qui passe par son centre de gravité : en désignant par $\frac{2}{3}h$ la distance verticale qui sépare ces deux centres, les deux forces φ donnent toujours, par rapport à l'appui, un moment $\frac{2}{3}h\varphi$, tendant à faire tourner en sens inverse des moments des forces de la pesanteur, et, par conséquent, à maintenir l'équilibre; quelle que soit la flexion, et l'intensité de la force f, ces moments ne changent pas si les espaces angulaires $eg'b$, $ag'd$ (*fig.* 3), restent les mêmes et cela a lieu même lorsque $f=o$. Quant à cette dernière force, dans les limites toujours très-petites de la flexion, son moment agit aussi en sens inverse de celui de la pesanteur, si c'est une force de pression; au contraire, si elle développe un effort de tension, son moment s'ajoute à celui des forces de la pesanteur : dans le premier cas, elle est utile, dans le second, elle est nuisible. Lors donc qu'on a un appareil légèrement convexe, sur lequel la résistance de frottement des appuis produit un effort de pression, on augmentera son énergie en développant cette résistance. Mais si l'axe de l'appareil est rectiligne ou légèrement concave, le frottement produira une force f de tension qui diminuera sa résistance. Nous disons légèrement concave; il importe de faire remarquer, en effet, que le moment de la force f est égal à cette force multipliée par la différence de niveau entre son point d'application sur l'axe du corps et le point d'appui considéré, tant que le premier de ces points est au-dessus du second, c'est-à-dire pour de légères flexions, ce moment s'ajoute à ceux des forces de la gravité ; il est nul lorsque ces points sont au même niveau et agit en sens inverse si le premier est au-dessous du second. Comme dans la pratique, on ne remarque jamais de flexion assez grande pour réaliser cette dernière hypothèse qui, d'ailleurs, présente d'autres inconvénients inutiles à signaler ici, on peut dire que l'action du frottement sur les appuis qui provoque un effort de tension dans le système, diminue toujours la résistance de l'appareil. Si donc par un motif quelconque on est obligé d'employer des systèmes de cette nature, on devra s'attacher à diminuer, le plus possible, l'intensité du frottement.

Lorsque $f = o$ l'équation de l'axe du solide donnée (23) se réduit à

$$y = \frac{1}{2} h - \frac{mp}{2h^3} (8l^3x - 4lx^3 + x^4),$$

et l'expression de la flèche à

$$\varepsilon = \frac{5pml^4}{2h^3}.$$

25. Comme on ne peut détruire complétement l'action du frottement sur les appuis, et que, dans les appareils de quelque importance, cette résistance est toujours assez grande, il est nécessaire d'apprécier les modifications apportées aux résultats précédents par l'introduction de cet effort lorsqu'il opère par

tension. Dans ce cas l'axe du corps dans sa position d'équilibre a une forme concave dont il faudrait se donner l'équation ; on substituerait alors dans la relation qui donne φ à la place de y la valeur tirée de cette équation et dans la relation générale du n° 14 à la place de $\frac{dy}{dx}$ et $\frac{d^2y}{dx}$ les valeurs obtenues par la différentiation de cette même équation : mais en négligeant la rigueur mathématique, on peut arriver au but plus simplement en supposant que la position primitive de l'axe du solide étant horizontale on a

$$\frac{d^2y'}{\left(1+\frac{mf}{S}\right)dx}=0,\quad \frac{\frac{d^2y}{dx}}{1+\left(\frac{dy}{dx}\right)^2}=-\frac{m\varphi dx}{es}$$ et en admettant que la flexion étant très-petite le bras du levier de f soit égal à $\frac{1}{2}h$ et par suite qu'on ait $\varphi=\frac{-3[hf+p(2l-x)x]}{4h}$ comme au n° 23, en changeant toutefois le signe de f et de φ, il viendra :

$$y=\frac{1}{2}h+\frac{6mp}{h^3}\left[\left(-\frac{2}{3}l^3-\frac{fhl}{p}\right)x+\frac{fh}{2p}x^2+\frac{lx^3}{3}-\frac{x^4}{12}\right],$$

qui représente d'une manière suffisamment exacte pour la pratique l'équation de l'axe du corps dans la position d'équilibre. La flèche sera :

$$\varepsilon=\frac{pml^2}{2h^3}\left(5l^2+\frac{6fh}{p}\right).$$

Poutres encastrées.

26. Dans ces sortes d'appareils, la section correspondant à l'encastrement est ordinairement invariable de position, et il existe une force f qui produit un accroissement de longueur du système ; comme nous venons de l'expliquer, le moment de cette force s'ajoute à ceux de la gravité et est plus nuisible qu'utile. Doit-on conclure de là que ces appareils sont inférieurs sous le rapport de la résistance à ceux simplement posés sur deux appuis ? Dans l'encastrement il y a deux choses, d'abord cette fixité de la section d'encastrement, qui est évidemment nuisible, en second lieu, la direction de l'axe du solide à cet endroit qui reste toujours le même, ou, en d'autres termes, la tangente à l'axe du corps au point où il rencontre la section d'encastrement est invariable quelle que soit la flexion du système. C'est sans doute à cette dernière particularité que ces corps doivent les principales propriétés dont ils jouissent.

Équation de l'axe neutre.

27. (*fig.* 7) Considérons un corps ABCD encastré suivant les deux sections verticales AB, CD, et chargé de poids quelconques qui produisent sur les appuis A, D des efforts verticaux Q, Q'. Si ce corps était simplement posé sur ces appuis, son axe supposé rectiligne à l'origine présenterait après la flexion une courbure

générale concave; mais si par l'application de forces verticales au delà de B et C, agissant de haut en bas, on maintient la direction primitive de l'axe en ces endroits, celui-ci, sous l'influence de ces nouveaux efforts, prendra une courbure convexe près des appuis, et concave dans la partie centrale; de telle sorte que les fibres du corps au premier endroit seront tendus à la partie supérieure et comprimés à l'inférieure; tandis qu'au centre ces efforts intérieurs se développeront en sens inverse. En admettant que la résultante générale des forces appliquées entre AB et CD ne s'écarte pas sensiblement du milieu de l'intervalle des appuis, Q et Q' seront les composantes de cette résultante. Si l'on opère une section quelconque verticale perpendiculaire au plan des forces entre le point A et le milieu de l'intervalle des appuis, et si cette section se trouve d'ailleurs dans la portion du corps comprimée au-dessus et tendue au-dessous, on ne troublera pas l'équilibre en séparant les deux parties, si l'on applique sur la surface, ainsi mise à nu les résultantes $(q,\ F)$, $(q',\ F')$, des pressions et tensions, si de plus on substitue à l'appui A les composantes $(Q+P, f)$ des efforts exercés sur ce point par le système, et enfin si l'on conserve au delà de B l'action de la force P qui produit l'encastrement. La résultante R de toutes les forces appliquées sur la portion du solide considéré faisant toujours partie, bien entendu, de ce groupe de forces qui se font équilibre; on aura donc $F'-f=F$, $q+q'=Q-R$ et $F\,(y+u)-F'(y-u')=(Q-R)\,x+R\chi-P\delta$;

d'ailleurs on aura toujours $F' = \frac{f\sigma' E'}{\sigma' E' - \sigma E}$; mais il y a ici une inconnue de plus, la force P. Pour la déterminer, en cherchera l'équation de l'axe du corps dans sa position d'équilibre, et après en avoir déduit son coefficient différentiel, on posera $x = 0$ dans sa valeur, et on égalera le résultat à la tangente connue de l'angle que fait la direction de l'axe primitif avec l'axe des x. Quelques explications sont nécessaires sur cette force P; elle peut être directement appliquée, et alors elle exerce sur l'appui une pression analogue à Q; mais elle peut aussi être obtenue en introduisant le solide dans une sorte de gaîne scellée sur l'appui; dans ce dernier cas, le solide exerce bien au point A un effort vertical égal à $P + Q$, mais à l'endroit des scellements de la gaîne il y a un effort de tension égal et opposé à P, de sorte qu'en réalité le poids supporté au-dessous de ces scellements égale Q. Nous supposerons cette force directement appliquée à une distance connue δ au delà de l'appui. L'axe des corps étant rectiligne dans sa position primitive tend à s'allonger en fléchissant; les frottements en A et B exercent donc un effort de traction sur le corps dont le moment s'ajoute d'une manière nuisible à ceux de la gravité. Mais on voit ici clairement qu'au contraire le moment de la force P agit en sens inverse de ces derniers et vient en aide à celui de la force F, qui maintient seule l'équilibre dans les systèmes simplement posés sur deux appuis.

Lorsque l'encastrement résulte de l'introduction

du solide dans une gaîne, il règne sur le point d'application de la force P, l'incertitude dont nous avons exposé les motifs (16). On devra alors, eu égard à la disposition des appuis, augmenter le plus possible le bras de levier de cette force, son intensité, et, par suite, la fatigue du support diminuera proportionnellement à cette augmentation.

Cas où la forme *f* est nulle.

28. Ainsi, pour bien apprécier les services que peuvent rendre ces sortes d'appareils, nous supposerons d'abord la force f nulle. Dans ce cas, on le sait, l'axe neutre coïncide avec celui du solide, quelle que soit la flexion; on a alors $F = F' = \varphi$, et par conséquent

$$\varphi = \frac{(Q-R)x + R\chi - P\delta}{u+u'}.$$

S'il s'agit d'un corps prismatique, comme e et s sont constants, on trouve:

$$\int \frac{m\varphi dx}{es} = \frac{m}{es(u+u')} \int [(Q-R)x + R\chi - P\delta]\, dx + c;$$

Si donc l'axe est rectiligne dans sa position primitive, il vient

$$\frac{dy}{dx} = -\frac{m}{es(u+u')}[(Q-R)x + R\chi - P\delta]\, dx + c,$$

et, par suite, l'équation de l'axe du solide dans sa position d'équilibre est :

$$y = -\int \left\{ \frac{m}{es(u+u')} \int [(Q-R)x + R\chi - P\delta]\,dx + c \right\} dx + c'.$$

La force P et les constantes sont déterminées par les trois conditions 1° que la tangente à cette ligne au point où elle rencontre la section AB coïncide avec sa position primitive; 2° que l'ordonnée du même point de cette ligne ne change pas; 3° enfin que le point de rencontre de l'axe avec l'autre section d'encastrement *cd* conserve aussi la même ordonnée. La valeur P′ de la force qui produit l'encastrement suivant cette dernière section s'obtiendrait d'ailleurs par la connaissance de la direction de la tangente en cet endroit.

29. Appliquons ces principes à notre exemple ordinaire, on a toujours :

$$e = \frac{1}{4}h, \quad s = \frac{1}{2}h, \quad u+u' = \frac{2}{3}h, \quad (Q-R)x + R\chi = \frac{p(2l-x)x}{2},$$

il vient donc

$$\frac{dy}{dx} = \frac{6mp}{h^3}\int\left(2lx - x^2 - \frac{2P\delta}{p}\right)dx + c = \frac{mp}{h^3}\left(6lx^2 - 2x^3 - \frac{12P\delta}{p}x\right) + c;$$

Ici, l'axe dans sa position primitive étant horizontal, on doit avoir $\frac{dy}{dx} = 0$ lorsqu'on pose $x = 0$ et par suite $c = 0$; on trouve, en intégrant une deuxième fois :

$$y = \frac{mp}{h^3}\left(2lx^3 - \frac{x^4}{2} - \frac{6P\delta}{p}x^2\right) + c';$$

Pour $x = 0$ on doit avoir $y' = \frac{1}{2}h$; donc $c' = \frac{1}{2}h$.

Pour $x=2l$ on a aussi $y'=\frac{1}{2}h$, d'où l'on déduit:

$$P=\frac{pl^3}{3\delta},$$

et par conséquent l'équation de l'axe du solide dans sa position d'équilibre est :

$$y=\frac{1}{2}h+\frac{mp}{h^3}\left(2lx^3-\frac{x^4}{2}-2l^2x^2\right).$$

Comme ici l'expression de la force φ reste la même quelle que soit la flexion, l'équation ci-dessus donne réellement la courbure affectée par l'axe du solide; ce n'est pas une simple approximation. En posant $x=l$ et retranchant le résultat de $\frac{1}{2}h$, on a la flèche; on trouve :

$$\varepsilon=\frac{mpl^4}{2h^3};$$

Elle est, comme on le voit, cinq fois plus petite que celle qui se rapporte à un système analogue simplement posé sur ses appuis.

L'intensité de la force

$$\varphi=\frac{p}{4h}[3(2l-x)x-2l^2],$$

Pour $x=0$ on trouve $\varphi'=-\frac{pl^2}{2h}$, pour $x=l$ il vient $\varphi''=\frac{pl^2}{4h}$.

Les signes contraires de ces valeurs de φ' et φ'' indiquent des efforts de tension et de pression éprouvés aux endroits considérés par une même fibre du solide. Les efforts exercés près des appuis sont le double de ceux qui sollicitent la partie centrale.

30. Pour trouver le point d'inflexion, il suffit d'observer qu'à cet endroit le coefficient différentiel du second ordre doit être nul, on a :

$$\frac{d^2y'}{dx^2}=\frac{6mp}{h^3}\left(2lx-x^2-\frac{2}{3}l^2\right);$$

par suite, les abscisses des points d'inflexion sont :

$$x=l\left(1\pm\sqrt{\frac{1}{3}}\right).$$

31. La valeur de φ qui se rapporte à un système simplement posé sur deux appuis est dans les mêmes circonstances $\varphi=\frac{3p(2l-x)x}{4h}$; elle est donc toujours supérieure à celle de la poutre encastrée, et son maximum $\frac{3}{4}\frac{pl^2}{h}$ égale $3\varphi''$ et $\frac{3}{2}\varphi'$.

32. Ainsi lorsque l'encastrement est opéré de façon à rendre nulle la force f les sections les plus voisines des encastrements sont soumises aux plus grands efforts de pression et de tension, l'angle $eg'b$ (*fig.* 3), dont le sommet est toujours sur l'axe du solide, va ensuite en diminuant graduellement, et au point dont l'abscisse est $x=l\left(1-\sqrt{\frac{1}{3}}\right)$, il est nul; de sorte qu'on pourrait couper le solide suivant cette

section et maintenir la partie centrale sur l'autre, par une simple superposition, ou suspension sans troubler cet équilibre; l'angle dont il s'agit croît ensuite depuis ce point jusqu'au milieu en développant en sens inverse les pressions et les tensions.

Modifications à apporter aux résultats précédents lorsque f n'est pas nul.

33. Supposons maintenant que f ne soit pas nul et proposons-nous de trouver l'équation de l'axe du solide dans sa position d'équilibre, en admettant qu'il était rectiligne dans sa position primitive, on aura :

$$\varphi = \frac{3\,[2fy + p\,(2l - x)\,x - 2P\delta]}{4h}$$

Si l'on suppose d'abord une flexion très-petite, de telle sorte qu'on puisse poser dans l'expression ci-dessus $y = \frac{1}{2}\,h$, l'équation différentielle de l'axe dans sa position d'équilibre sera :

$$\frac{d^2y}{dx} = \frac{6mp}{h^3}\left[(2l - x)\,x + \frac{hf}{p} - \frac{2P\delta}{p}\right] dx.$$

Une première différentiation donne

$$\frac{dy}{dx} = -\frac{mp}{h^3}\left[2x^3 - 6lx^2 - \frac{6}{p}\,(hf - 2P\delta)x\right] + c.$$

Comme pour $x = 0$ on doit avoir $\frac{dy}{dx} = 0$, il faut que $c = 0$; intégrant une deuxième fois, on a :

$$y = -\frac{mp}{h^3}\left[\frac{x^4}{2} - 2lx^3 + \frac{6}{2p}(2P\delta - hf)\,x^2\right] + c'.$$

Pour $x = 0$ on a $y = \frac{1}{2}h$, dont $c' = \frac{1}{2}h$; pour $x = 2l$ on aussi $y = \frac{1}{2}h$, ce qui donne $\delta P = \frac{fh}{2} + \frac{pl^2}{3}$, et l'équation de l'axe du solide dans sa position d'équilibre se réduit à

$$y = -\frac{mp}{h^3}\left(\frac{x^4}{2} - 2lx^3 + 2l^2x^2\right) + \frac{1}{2}h.$$

Elle est identique à celle que nous avons trouvée en supposant $f = 0$. Naturellement la flèche qui s'y rapporte sera aussi la même. Ainsi, sous ce rapport, il n'y aucun avantage à développer une force générale f de tension.

Pour $x = 0$ on a $\varphi' = -\frac{pl^2}{2h}$, et pour $x = l$, $\varphi'' = \frac{pl^2}{4h}$; ce sont les valeurs que nous avons trouvées lorsque f était nul; mais ici les sections correspondant à ces abscisses sont en outre soumises à l'effort horizontal de tension f agissant sur l'axe du solide, comme nous l'avons montré (13) (*fig.* 3). Cette force f est donc nuisible à la résistance de l'appareil sans aucune espèce de compensation.

34. A la vérité dans la valeur de φ, nous avons supposé $y = \frac{1}{2}h$, et à cause de la flexion ce bras de levier est toujours plus petit que cette quantité; les résultats précédents sont donc établis dans les cir-

constances les plus désavantageuses, à cette force f; mais comme dans les appareils d'une bonne stabilité la flexion est une fraction très-faible de h, on ne doit pas se tromper beaucoup en la négligeant.

35. Ainsi l'encastrement que l'on peut appeler à section fixe est vicieux, et on doit toujours y substituer celui où les extrémités ont la liberté de se mouvoir dans la gaîne d'encastrement; alors la force f étant simplement le résultat du frottement du solide dans cette sorte d'appui, sera directement appréciable comme nous l'avons fait pour les poutres seulement posées sur ces appuis. Ainsi, si $P+Q$ est l'effort vertical sur l'appui résultant de l'encastrement (27) et si la poutre est supposée horizontale, $k(P+Q)$ égalera la force f, k étant le coefficient de frottement des surfaces en contact. D'ailleurs si $b'a$ (*fig.* 3.) est la section d'encastrement, $b'b$ sera la plus grande tension éprouvée par les fibres; elle s'exprime comme il suit : $\frac{\varphi'}{s}$ étant la tension qui correspond au centre de gravité de la section $g'e=s$, $\frac{2\varphi'}{s}$ sera celle mesurée par la longueur eb; d'ailleurs comme la tension correspondant à $b'e=gg'$ est $\frac{f}{S}$, l'effort total correspondant à bb' égalera $\frac{2\varphi'}{s}+\frac{f}{S}$. C'est là du reste un maximum, car comme nous l'avons expliqué (34), la véritable valeur de y étant inférieure à $\frac{1}{2}h$, doit

par suite diminuer l'intensité de φ, et diminue aussi l'intensité de la force P qui détermine l'encastrement; cette valeur maximum se rapproche d'autant plus de la vérité que la flexion est plus petite.

36. Lorsqu'on devra établir une suite de travées, il sera plus avantageux de disposer sur les piles des encorbellements dont la longueur égalera $l\left(1-\sqrt{\frac{1}{3}}\right)$ et de faire reposer les parties centrales sur les extrémités de ces encorbellements avec le moins de frottement possible. Ce dispositif est surtout avantageux pour les travées métalliques, parce qu'il a en outre l'avantage de subdiviser les mouvements de la dilatation. D'ailleurs les efforts intérieurs maxima supportés par la partie centrale étant moitié de ceux qui se développent près des piles lorsqu'on a $f=0$ (29), on peut notablement réduire sa section.

Équation de l'axe neutre.

Quant à l'équation de l'axe neutre, si nous introduisons dans la relation générale du n° 27 les données précédentes, il vient:

$$\frac{fy^2}{h(2y-h)}=\frac{2f(y+2h)+3p(2l-x)\,x-6P\delta}{4h}$$

qui se réduit à

$$y=\frac{1}{2}h-\frac{fh^2}{6p\left(x^2-2lx+\frac{2}{3}l^2\right)}$$

et comme nous le savions déjà, elle indique que les points d'inflexion se trouvent aux distances $l\left(1 \mp \sqrt{\frac{1}{3}}\right)$ de l'origine des coordonnées. D'ailleurs la forme de cette courbe est celle donnée (*fig.* 5) en renversant le système sens dessus dessous : la distance de la verticale oo' à l'origine c est ici $l\left(1 - \sqrt{\frac{1}{3}}\right)$.

Influence des parties du solide qui dépassent les appuis sur la résistance du système.

37. Nous ne nous sommes pas expliqué, jusqu'à ce moment, sur la signification de ces branches indéfinies qui ont pour asymptote l'axe du solide, elles se rapportent à un état fictif dans lequel le solide serait prolongé indéfiniment à droite et à gauche des appuis sans avoir de pesanteur. Naturellement il n'en est jamais ainsi, ce solide s'étend seulement sur une certaine longueur et possède un certain poids ; ces circonstances doivent changer la forme de l'axe neutre en ces endroits. (*Fig.* 8.)

Supposons que les appuis aient développé un effort de tension aux points de contact avec le solide, la partie *cdei* en dehors de ces points du côté de l'appui c sera en équilibre sous l'influence des réactions Q et f opposées par ce point et de la résultante générale P de toutes les forces qui lui sont directement appliquées, absolument comme la partie intérieure. Comme précédemment aussi, une section quelconque *mn*, sera sollicitée à la partie supérieure par des efforts de pression dont la résultante supposée appliquée au point u, a pour composantes F, q, et à la partie inférieure par des efforts de tension dont la résultante agissant en u', a pour composantes F' et q'. La différence $F' - F$ doit toujours être égale à f, et, d'ailleurs, les tensions et pressions précédentes doivent tenir en équilibre la partie *nmei* de ce solide concurremment avec les forces f et Q qui agissent en C et celles P et R résultantes de toutes les forces appliquées respectivement sur les portions du solide *eicd*, *dcnm*. Si l'on désigne donc par δ et χ les abscisses de ces dernières et par x et y les coordonnées du point o de l'axe neutre, on aura, en conservant les notations précédentes, les trois équations :

$$q + q' = Q - R - P\,; \quad F' - F = f\,;$$
$$F(y + u) - F'(y - u') = (q + q')\,x + R\chi - P\delta,$$

d'où l'on déduit :

$$F' = \frac{f\,(y + u) + (Q - R - P)\,x + R\chi - P\delta}{u + u'}$$

et comme d'ailleurs la seconde valeur de F' s'obtient toujours de la même façon (10), l'équation de l'axe neutre est :

$$\frac{fE'\sigma'}{E'\sigma' - E\sigma} = \frac{f\,(y + u) + (Q - R - P)\,x + R\chi - P\delta}{u + u'}$$

S'il s'agit d'un solide à section rectangulaire, elle devient

$$\frac{fy^2}{h\,(2y-h)}=\frac{2f\,(y+2h)+6\,[(Q-R-P)\,x+R\chi-P\delta]}{4h},$$

qui se réduit à

$$y=\frac{1}{2}h+\frac{fh^2}{6\,[hf+2\,(Q-R-P)\,x+2R\chi-2P\delta}$$

et si l'on suppose la charge uniformément répartie sur la longueur 2 *l* entre les appuis :

$$y=\frac{1}{2}\,h-\frac{fh^2}{6p\left[x^2-2lx+\frac{2P}{p}(x+\delta)-\frac{fh}{p}\right]}$$

enfin si la charge est également répartie sur la longueur λ qui dépasse les appuis, on a $P=p\,\lambda$ et $\delta=\frac{1}{2}\lambda$, et il vient

$$y=\frac{1}{2}\,h-\frac{fh^2}{6p\left[x^2-2\,(l-\lambda)\,x+\lambda^2-\frac{fh}{p}\right]}.$$

Cette dernière, comme les précédentes, donne une courbe de forme analogue à celles figurées sous les n°s 4 et 5, seulement on peut disposer de λ, ou plus généralement de P et de δ pour placer l'asymptote verticale dans une position donnée.

On voit du reste, ici, comment le développement de ces appuis favorise la résistance du système, le moment $P\,(\delta+x)$ qui s'y rapporte, agit en effet en sens inverse de ceux de la pesanteur et contribue à les équilibrer : c'est un effet de même nature que celui de l'encastrement.

Conclusions.

38. En général, lorsqu'on emploie dans les constructions des appareils résistant par pression et tension, le choix du profil et le mode de liaison avec les appuis sont les deux choses qui exigent les études les plus attentives. L'exemple choisi dans nos applications démontre l'infériorité du profil rectangulaire; il y a là des masses de matière qui ne travaillent presque pas; on lui a substitué avec avantage, dans les grandes constructions, le profil à double T; mais celui-là même, lorsque la section est uniforme, est fortement tendu et comprimé en certains endroits, tandis qu'à d'autres il n'éprouve aucune fatigue, la matière des branches horizontales devrait être répartie proportionnellement aux efforts à vaincre. Pour éviter le mouvement parallélogrammique de ces parties horizontales du système, la cloison verticale doit être composée d'une matière similaire et fortement réunie avec elles, ce qui occasionne un travail d'une assez grande sujétion. Lorsque dans les appareils simplement posés sur les appuis, la force f agit par compression, une certaine portion de leur longueur est sollicitée comme une voûte et est soumise aux mouvements de flambage et de dévers inhérents à ce genre de construction, il faut alors fortifier en ces endroits la cloison verticale pour résister à ces mouvements. Des effets de cette nature se sont produits dans les tubes des ponts *Britannia* et *Conway*, les An-

glais ont donné le nom d'effort tranchant à ce principe destructeur; avec le sens pratique qui les caractérise, ils ont suspendu en partie l'extrémité des tubes pour remédier à cet inconvénient ; de cette façon, en effet, ils ont diminué l'intensité de la force f; peut-être même a-t-elle été complétement annulée ou convertie en tension.

39. Nous pensons que dans certaines circonstances où la disposition en ligne droite n'est pas une nécessité, on substituerait avec avantage aux poutres à double T, des appareils composés : d'un plancher inférieur de forme concave résistant à la tension, et d'un plancher supérieur de forme convexe résistant à la pression ; ces deux tabliers seraient fortement réunis à leurs points de rencontre aux extrémités du système ; la cloison verticale perd alors une grande partie de son importance; elle peut être exécutée même en maçonnerie, en ayant soin de rendre solidaires les deux planchers au moyen de boulons qui les serrent contre cette maçonnerie; nous avons fait des essais en grand de ce genre de construction qui ont donné de très-bons résultats. La forme des courbes peut être calculée pour supporter des tension et pression uniformes avec des planchers ayant partout la même épaisseur.

40. Quant au mode de liaison de ces systèmes avec les appuis, si l'on peut y développer des efforts f de pression, et si d'ailleurs le profil est convenable pour résister à ces efforts aux endroits où l'appareil fonctionne comme une voûte, on devra toujours préférer

cette réaction à celle qui donnerait un effort de tension, et on pourra le plus souvent provoquer avec utilité le développement de cette pression. Si cependant des circonstances particulières obligent à mettre en œuvre un effort f de tension, on devra s'attacher à en diminuer le plus possible l'intensité, à moins toutefois qu'on ne puisse supporter le solide par sa partie supérieure; alors, en effet, le moment de cet effort de tension agit en sens opposé de ceux de la gravité et contribue utilement à l'équilibre du système.

41. Mais toutes les fois qu'il sera possible d'opérer l'encastrement du système, il y aura toujours avantage à le faire, surtout si l'on emploie le mode d'encorbellement que nous avons indiqué (36).

Ces encorbellements peuvent être des corps prismatiques de même nature que les poutres des travées. Ils doivent alors traverser tout le massif de la pile et déborder, à droite et à gauche, de la longueur de l'encorbellement proprement dit; l'amarrage sur la pile doit être assez solide, eu égard à sa largeur, pour que la plus grande surcharge prévue d'une travée ne puisse faire basculer le système lorsque l'autre travée est au contraire à son minimum de chargement. Sur les piles extrêmes ou culées on devra faire un ancrage réalisant les mêmes garanties de solidité.

42. Nous avons fait pour la compagnie de Lyon à la Méditerranée, avec le bienveillant concours de MM. P. Talabot, Molard et Desplaces, un essai d'encorbellement qui a parfaitement réussi, et qui semble

prouver qu'on peut espérer de notables économies de ce nouveau genre de construction. Il se compose (*fig.* 9) 1° d'une pile maçonnerie *abdc*; 2° de deux arcs en fonte *eg*, *e'g'* formés d'une série de voussoirs plats, réunis par des joints boulonnés et venant arcbouter en *g* et *g'* contre des plaques de retombée du même métal; 3° d'une suite de tirans en fer *eabe'* formant plancher et fortement liés en *e* et *e'* aux arcs en fonte au moyen de boulons et mentonnets convenablement disposés. Des murs en briques de 0,30 d'épaisseur remplissant les vides *aeg*, *be'g'* empêchent les arcs supérieurs et inférieurs de se rapprocher, et des boulons *ik*, *lm*, etc., arrêtent tout écartement. Cet encorbellement avait 1^{m} 50 de largeur dans le sens perpendiculaire au profil. Il a été chargé de chaque côté de 36 tonnes également reparties sur son développement y compris son propre poids; on a en outre suspendu à chacun des points *e* et *e'* quatre-vingts tonnes. A ce moment le fer et la fonte recevaient des tension et pression de 10 kilogrammes environ par millimètre carré. On a ensuite réduit la charge à 70,000 kilogrammes en *e'* en conservant le chargement total de 80,000 en *e*. La pile n'ayant que 2^{m} 50 de largeur, il n'a pas été possible de différentier davantage ce chargement. Toutes ces opérations se sont faites avec un plein succès et sans la faiblesse des chaînes de suspension placées en *e* et *e'*, et surtout de la pile, on aurait pu pousser les épreuves beaucoup plus loin.

FIN.

NOTE

relative aux efforts exercés par un système invariable sur un nombre quelconque de points fixes.

---

1. Lorsqu'il existe dans un système invariable plus de trois points fixes, la statique semble indiquer que les pressions en chacun d'eux sont indéterminées. Cette indétermination n'existe réellement pas dans la nature, les géomètres attribuent cette impuissance de la théorie à l'invariabilité absolue sur laquelle s'appuient les calculs et qui est effectivement une pure fiction ; mais cette fiction est en même temps la limite d'un état de chose très-réel, celui d'une élasticité diminuant de plus en plus et devenant plus petite que toute quantité donnée. La considération de cette limite va nous fournir une solution complète du problème.

Efforts exercés par un système invariable sur trois points fixes.

2. Considérons un système invariable lié à trois points fixes, qui cependant jouissent d'une certaine

élasticité leur permettant de parcourir un chemin très-petit, proportionnel à l'effort exercé sur eux et dans le sens de cet effort. Ce chemin sera en général parcouru sur une ligne courbe; mais en supposant l'élasticité très-petite, le mouvement de translation se réduira au premier élément de cette courbe et par suite sera rectiligne. Cet espace représentera donc en grandeur et en direction l'effort exercé au point considéré.

Désignons par (x_1, y_1, z_1); (x_2, y_2, z_2); (x_3, y_3, z_3) les coordonnées des trois points dont il s'agit; par (dx_1, dy_1, dz_1); (dx_2, dy_2, dz_2); (dx_3, dy_3, dz_3) les accroissements que prennent ces coordonnées sous l'action des forces appliquées (ces quantités étant considérées comme négatives lorsqu'elles tendent à diminuer ces coordonnées); par $(p_1; q_1; r_1)$, $(p_2; q_2; r_2)$, $(p_3; q_3; r_3)$ les efforts correspondants à ces accroissements, et enfin par de, la longueur de translation qui correspond à l'unité de force, on aura :

$$\frac{dx_1}{de} = p_1; \frac{dy_1}{de} = q_1; \frac{dz_1}{de} = z_1; \frac{dx_2}{de} = p_2;$$

et ainsi de suite.

Si, d'autre part, P désigne une quelconque des forces appliquées, α, β, γ, les angles qu'elle fait avec les axes des x, des y et des z, (x, y, z) les coordonnées de son point d'application, S. P $\cos \alpha$; S. P $\cos \beta$; S. P $\cos \gamma$ les sommes des composantes de toutes les forces appliquées, respectivement parallèles aux axes des x, des y et des z :

$$S.P(y\cos\alpha - x\cos\beta)\,;\quad S.P(x\cos\gamma - z\cos\alpha)\,;\quad S.P(z\cos\beta - y\cos\gamma),$$

les sommes des moments de ces forces qui tendent à faire tourner le système autour des axes des z, des y et des x, on aura, en égalant respectivement ces sommes aux résistances que les points élastiques produisent en sens opposé :

$$\left.\begin{aligned} &p_1+p_2+p_3=S.P\cos\alpha;\quad q_1+q_2+q_3=SP\cos\beta;\quad r_1+r_2+r_3=SP\cos\gamma\\ &p_1y_1+p_2y_2+p_3y_3-(q_1x_1+q_2x_2+q_3x_3)=S.P(y\cos\alpha-x\cos\beta)\\ &r_1x_1+r_2x_2+r_3x_3-(p_1z_1+p_2x_2+p_3x_3)=S.P.(x\cos\gamma-z\cos\alpha)\\ &q_1z_1+q_2z_2+q_3z_3-(r_1y_1+r_2y_2+r_3y_3)=SP(z\cos\beta-y\cos\gamma) \end{aligned}\right\}\ (1)$$

Comme d'ailleurs, après le mouvement occasionné par l'élastisité des points fixes, ceux-ci, en vertu de l'invariabilité du système, se trouvent encore à la même distance les uns des autres, on aura aussi :

$$[x_1+dx_1-(x_2+dx_2)]^2+[y_1+dy_1-(y_2+dy_2)]^2+$$
$$[z_1+dz_1-(z_2+dz_2)]^2=(x_1-x_2)^2+(y_1-y)^2+(z_1-z_2)^2$$

en supprimant les parties communes et les infiniment petits du deuxième ordre, c'est-à-dire, les carrés de dx_1, dy_1, dz_1, etc., il vient :

$$(x_1-x_2)(dx_1-dx_2)+(y_1-y_2)(dy_1-dy_2)+(z_1-z_2)(dz_1-dz_2)=0$$

ou en divisant par de et remplaçant $\frac{dx_1}{de}$, $\frac{dy_1}{de}$, $\frac{dz_1}{de}$, etc., par p_1; q_1 z_1; etc

$$(x_1-x_2)(p_1-p_2)+(y_1-y_2)(q_1-q_2)+(z_1-z_2)(r_1-r_2)=0$$

on aura de même :

$$(x_1-x_3)(p_1-p_3)+(y_1-y_3)(q_1-q_3)+(z_1-z_3)(r_1-r_3)=0$$

et

$$(x_2-x_3)(p_2-p_3)+(y_2-y_3)(q_2-q_3)+(z_2-z_3)(r_2-r_3)=0$$

On a donc neuf équations pour déterminer les neuf inconnues (p_1,q_1,r_1) (p_2,q_2,r_2) (p_3,q_3,r_3).

Efforts exercés par le même système sur un nombre quelconque de points fixes.

3. En général, quel que soit le nombre de points élastiques liés au système invariable considéré en désignant par $S.p$; $S.q$; $S.r$; les sommes des composantes parallèles aux trois axes des efforts exercés sur ces points, par $S.(py'-qx')$; $S.(rx'-pz')$; $S.(qz'-ry')$; les sommes des moments de ces forces qui tendent à faire tourner autour des axes des z des y et des x on aura :

$$S.p=S.P\cos\alpha;\quad S.q=S.P\cos\beta;\quad Sr=S.P\cos\gamma$$
$$S.(py'-qx')=S.P(y\cos\alpha-x\cos\beta)$$
$$S.(rx'-pz')=S.P(x\cos\gamma-z\cos\alpha)$$
$$S.(qz'-ry')=S.P(z\cos\beta-y\cos\gamma).$$

Plus trois fois autant d'expressions de la forme :

$$(x_1-x_2)(p_1-p_1)+(y_1-y_2)(q_1-q_2)+(z_1-z_2)(r_1-r_2)=0$$

qu'il y a de points fixes moins deux; ainsi s'il en existe n le nombre de ces relations sera $3(n-2)$ et en les ajoutant aux six précédentes, on aura encore autant d'équations que d'inconnues.

Conditions générales de l'équilibre déduites du théorème précédent.

4. Les formules précédentes donnent aussi la solution générale du problème de l'équilibre d'un nombre quelconque de forces. En effet, dans un pareil système, tous les points étant naturellement en équilibre, leur mouvement est nul, et pour qu'il en soit ainsi, il faut et il suffit qu'on ait pour trois d'entre eux

$$(dx_1 = 0,\ dy_1 = 0,\ dz_1 = 0);\quad (dx_2 = 0,\ dy_2 = 0,\ dz_2 = 0);$$
$$(dx_3 = 0,\ dy_3 = 0,\ dz_3 = 0)$$

ou, ce qui est la même chose,

$$p_1 = 0,\ p_2 = 0,\ p_3 = 0;\quad q_1 = 0,\ q_2 = 0,\ q_3 = 0;$$
$$r_1 = 0,\ r_2 = 0,\ r_3 = 0.$$

En égalant à zéro ces quantités dans les six expressions (1), on trouve

$$S.P\cos\alpha = 0;\ S.P\cos\beta = 0;\ S.P\cos\gamma = 0;$$
$$S.P(y\cos\alpha - x\cos\beta) = 0;\ S.P(x\cos\gamma - z\cos\alpha) = 0;$$
$$S.P(z\cos\beta - y\cos\gamma) = 0;$$

qui sont bien les six conditions générales données dans la statique.

Cas où tous les points fixes sont dans le même plan ou sur la même droite.

5. Si tous les points fixes sont dans le même plan, ils s'y trouvent encore après le mouvement; chacun d'eux, après les trois premiers, sera donc déterminé par ses distances à deux et non pas à trois points, le nombre de relations nécessaires à la connaissance de toutes les inconnues semble donc devenir insuffisant.

Il n'en est rien cependant, car alors il faut exprimer que les coordonnées du quatrième point et des suivants, satisfont à l'équation du plan passant par les trois premiers, et ces nouvelles relations complètent celles nécessaires à la solution du problème.

Par des raisonnements analogues, on complète ces relations lorsque tous les points élastiques sont situés sur une même droite.

Distinction entre l'équilibre obtenu par l'application même des forces, et celui qui résulte de l'introduction de points fixes.

6. Il y a donc, en statique, deux états d'équilibre bien distincts, 1° celui qui résulte de l'application même des forces données; 2° celui obtenu par la coopération de points fixes. Dans le premier, l'invariabilité est absolue, et les six conditions générales (1) déterminent toutes les circonstances de cet équilibre;

dans le deuxième, on aurait tort d'admettre qu'en prenant en sens inverse les forces qui substituées à ces points maintiennent l'équilibre, on obtient les efforts exercés sur ceux-ci; car il y a, en général, une infinité de manières d'établir l'équilibre de cette façon, ce qui entraînerait une indétermination de ces efforts qui n'existe réellement pas. Dans l'état actuel de la science, il n'y a cependant pas d'autre manière de les trouver, et, par suite, on est entraîné, dans les arts, à des hésitations, à des doutes souvent très-fâcheux.

Efforts exercés par une verge sur deux points fixes.

7. Quels sont, par exemple, les efforts exercés sur deux points fixes d'une verge rigide, par une force appliquée en un point de sa direction; même dans des conditions si simples, la statique fournit le plus souvent des résultats erronés. Suivant les indications de cette science, ces efforts sont, en effet, les composantes parallèles de la force donnée. Pourquoi les composantes parallèles plutôt que celles dirigées suivant deux droites partant de ces points et allant concourir sur la direction de la force donnée? La question est laissée irrésolue, et il en devait être ainsi puisqu'on ne fait pas entrer dans les formules toutes les données du problème.

A l'aide des notions précédentes cette question est traitée avec la plus grande facilité. Prenons, en effet, le plan du levier et de la force donnée pour celui des

xz, et menons l'axe des z parallèle à celle-ci : soient D la distance entre les points fixes et (x_1, y_1), (x_2, y_2), leurs coordonnées; conservons d'ailleurs les mêmes notations. Les équations générales se réduisent à :

$$p_1 + p_2 = 0\,;\ r_1 + r_2 = \mathrm{P}\,;$$
$$r_1 x_1 + r_2 x_2 - p_1 z_1 - p_2 z_2 = \mathrm{P}x$$
$$(x_1 - x_2)(p_1 - p_2) + (z_1 - z_2)(r_1 - r_2) = 0\,;$$

d'où l'on déduit :

$$p_1 = -p_2 = \frac{\mathrm{P}}{2\mathrm{D}^2}(z_1 - z_2)(x_1 + x_2 - 2x)\,;$$

$$r_1 = \frac{\mathrm{P}}{2\mathrm{D}^2}\left[(z_1 - z_2)^2 + 2(x - x^2)(x_1 - x_2)\right];$$

$$r_2 = \frac{\mathrm{P}}{2\mathrm{D}^2}\left[(z_1 - z_2)^2 - 2(x - x_1)(x_1 - x_2)\right].$$

Ainsi une verge rigide, sollicitée obliquement par une force P, et tenue en équilibre par deux points fixes, n'exerce pas sur ceux-ci des efforts représentés par les composantes parallèles de cette force. Cette circonstance se présente dans le cas particulier où la force est normale à la direction de la verge. On a, en effet, alors $z_1 = z_2$, et, par suite,

$$p_1 = p_2 = 0, \quad r_1 = \frac{\mathrm{P}(x - x_2)}{x_1 - x_2}, \quad r_2 = \frac{\mathrm{P}(x_1 - x)}{x_1 - x_2}.$$

Ces valeurs de r_1 et r_2 représentent effectivement l'intensité de ces composantes parallèles. Également lorsque P est appliqué au milieu de D, on trouve $p_1 = -p_2 = 0$ et $r_1 = r_2 = \frac{1}{2}\mathrm{P}$. Dans toute autre circonstance, la répartition de P entre les deux points fixes ne se fait pas en raison inverse des bras de levier.

Efforts exercés par une force normale sur une verge dont tous les points sont fixes.

8. Si la solution du problème relatif aux efforts exercés par un système invariable sur un nombre quelconque de points fixes est générale, on ne peut cependant se dissimuler qu'elle exige des calculs très-laborieux lorsque le nombre de ces points est supérieur à trois; mais le plus souvent, les appareils offrent des dispositions symétriques ou régulières qui simplifient notablement la forme des équations et permettent d'en réduire le nombre.

Si, par exemple, on suppose tous les points d'une verge rigide fixés à des points élastiques, si de plus elle est sollicitée par une force P normale à sa direction, on trouve très-simplement les efforts exercés en chacun des points de cette droite. Prenons l'axe des z parallèles à la direction de P et passant par un des points fixes; supposons de plus l'axe des x dirigé suivant la droite donnée. Le mouvement s'opérant parallèlement à P et dans le plan de cette force et de la verge, donnée toutes les composantes parallèles aux x et aux y sont nulles; les formules précédentes se réduisent donc à

$$S.r = P, \quad S.rx' = Px; \quad \text{d'où} \quad x = \frac{S.rx'}{sr}.$$

Ainsi l'abscisse constante x de la force donnée égale celle du centre de gravité du trapèze qui a pour base la verge considérée et dont les côtés verticaux sont les espaces parcourus dz_1, dz_2 par les extrémités de cette ligne ; ce trapèze représente en effet la somme des efforts exercés en chaque point de la verge donnée, et l'on sait qu'en divisant la somme des moments des forces parallèles par la somme de ces forces, on obtient l'abscisse du centre de ces forces et, dans le cas particulier qui nous occupe, l'abscisse du centre de gravité de la surface qui représente la somme de tous ces efforts.

Il est d'ailleurs facile de démontrer géométriquement que dans le trapèze dont il s'agit, on a :

$$x = \frac{(dz_1 + 2dz_2)D}{3(dz_1 + dz_2)} \quad \text{qui revient à (2)} \quad x = \frac{(r_1 + 2r_2)D}{3(r_1 + r_2)}.$$

En prenant la surface du trapèze et l'égalant à Pde, on a de plus :

$$Pde = \frac{dz_1 + dz_2}{2} D \quad \text{qui revient à (3)} \quad P = \frac{(r_1 + r_2)}{2} D.$$

La combinaison des relations (2) et (3) donne :

$$r_2 = \frac{2P(3x - D)}{D^2}, \quad r_1 = \frac{2P(2D - 3x)}{D2}.$$

Connaissant les efforts extrêmes r_1 et r_2, on en conclut par une simple proportion ceux exercés en un point quelconque de la verge considérée.

Pour $3x = D$, $r_2 = 0$ et $r_1 = \frac{2P}{D}$, le trapèze se réduit à un triangle.

Pour $D > 3x$, la valeur négative de r_2 indique que la ligne D est sollicitée de ce côté par un effort dirigé en sens inverse; le trapèze se change alors en deux triangles opposés par le sommet.

Toutefois, si la ligne rigide repose simplement sur deux points fixes, ne pouvant par conséquent détruire que les efforts de pression exercés sur eux, la partie de la ligne D qui ne reçoit aucun effort de ce genre se soulèvera sans obstacle et sans nécessiter l'emploi d'aucune force : l'intensité totale de P sera employée à comprimer la portion de D égale à $3x$.

Application aux voûtes.

9. Une poutre peut être considérée comme engendrée par son profil variable ou constant qui se meut normalement à une ligne donnée ; l'appréciation des efforts exercés dans chacun d'eux conduit donc facilement à ceux développés par l'appareil complet. Or, dans un profil, les voussoirs reposent les uns sur les autres suivant des droites communes appelées joints, et les pressions s'exercent en ces endroits comme nous venons de l'indiquer. Ainsi, lorsque la résultante des pressions passe à une distance plus petite que le tiers

de la hauteur du joint d'une des extrémités, l'extrémité opposée doit s'ouvrir d'une certaine quantité, à moins cependant que la cohésion des mortiers ou des ciments soit assez grande pour résister à l'effort de tension r_2.

FIN.

Paris. — Imprimé par E. Thunot et Cᵉ, 26, rue Racine.

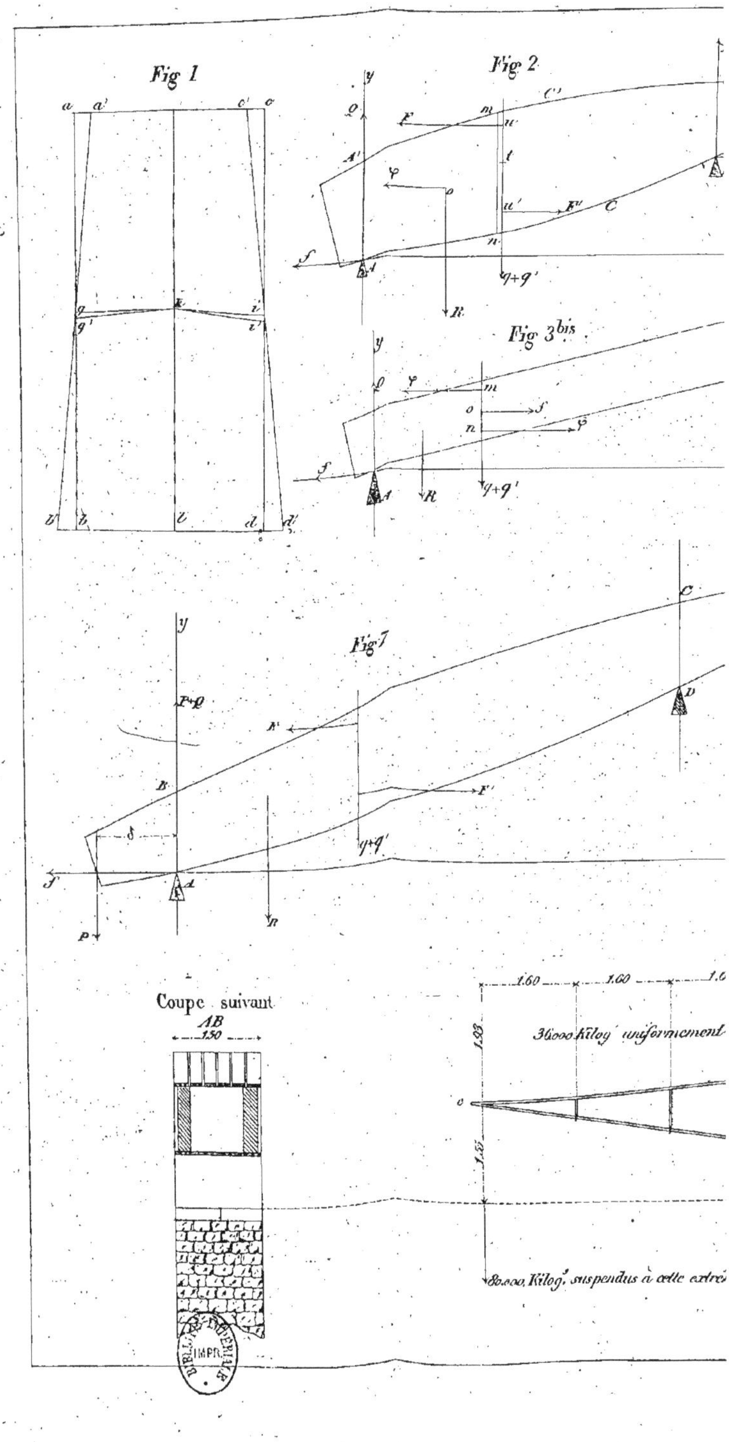

Fig 1
Fig 2
Fig 3bis
Fig 7
Coupe suivant AB
1.50
1.60
1.60
1.93
1.55
36000 Kilog. uniformement
80.000 Kilog. suspendus à cette extré

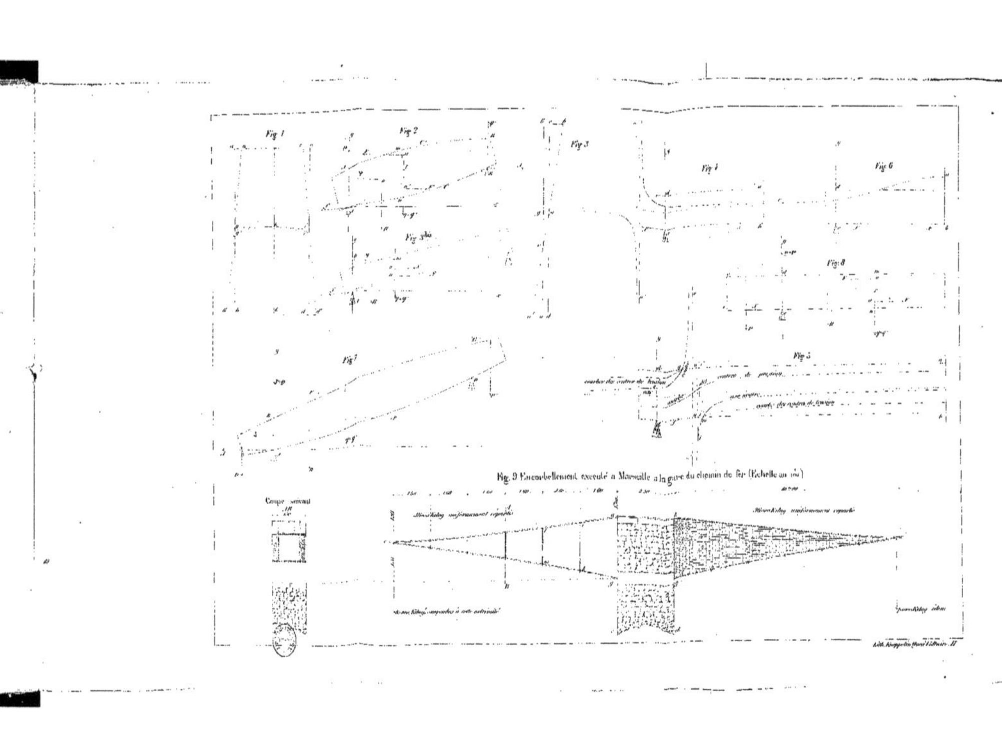

Fig. 1
Fig. 2
Fig. 3
Fig. 3bis
Fig. 4
Fig. 5
Fig. 6
Fig. 7
Fig. 8
Fig. 9 Encorbellement exécuté à Marseille à la gare du chemin de fer (Echelle au 1/50)
Coupe suivant

A la même Librairie :

CHARPENTE. THÉORIE DES CHARPENTES, donnant des règles pratiques pour les constructions des fermes et autres appareils en bois ou en fonte, par V. FABRÉ. In-8. 1851. 2 fr. 50 c.

FONTE, FER ET TOLE. De l'application de la FONTE, du FER et de la TOLE dans les constructions, par W. FAIRBAIRN, *ingén., membre de la Soc. roy. de Londres, membre corresp. de l'Institut de France, etc.* Traduit par PERRET-PORTA, *ingén. civil;* ouvrage suivi de : Recherches expérimentales sur la résistance et les diverses propriétés de la fonte de fer, par EATON HODGKINSON, *membre de la Société royale de Londres,* etc., avec supplément. 1 vol. in-8 avec plus de 100 fig. dans le texte et des planches. 7 fr. 50 c.

Outre un Supplément par MM. *Baumgarten*, *Collet-Meygret* et *Desplaces*, cet ouvrage contient un Nouveau Supplément de 1858, sous ce titre : Mémoire sur les meilleures formes à donner aux poutres droites en fonte, par M. *Decomble*, ingén. des ponts et ch. In-8 avec 2 grandes planches.

CHARPENTE. Traité théorique et pratique sur l'ART DE LA CHARPENTE, par KRAFFT, *architecte*, etc. *Six parties* in-folio, ensemble 86 feuilles de texte et 180 planches, texte explicatif en trois langues (*français, allemand et anglais*); le tout pouvant être réuni en un fort vol. in-fol. 120 fr.

LE TRAITÉ SUR L'ART DE LA CHARPENTE THÉORIQUE ET PRATIQUE est classé par ordre de matières et divisé en six parties composées chacune de 30 planches avec texte explicatif.

Les parties 2e et suivantes se vendent séparément. Elles traitent chacune une matière spéciale.

HYDRAULIQUE AGRICOLE. COURS D'AGRICULTURE ET D'HYDRAULIQUE AGRICOLE, comprenant les principes généraux de l'ÉCONOMIE RURALE et les divers travaux d'amélioration du régime des eaux dans l'intérêt de l'agriculture, tels que curage, élargissements, redressements, endiguements, desséchements des marais et terres inondées, assainissement des terrains humides ou détériorés par des filtrations, drainage, irrigations, limonages, etc., par NADAULT DE BUFFON, *Ingénieur en chef, professeur à l'École impériale des ponts et chaussées, membre de la Société centrale d'agriculture, ancien chef de division au ministère des travaux publics, correspondant de l'Académie de Turin.* 4 beaux volumes in-8, avec un grand nombre de figures dans le texte et 18 belles planches. Paris, 1858. (*Ouvrage terminé.*) 39 fr.

MATÉRIAUX DE CONSTRUCTION. Les MATÉRIAUX DE CONSTRUCTION de l'Exposition universelle; rapport officiel fait au nom de cette classe, par A. DELESSE, *ingén. des mines, secrétaire de la classe XIV du jury international.* 1 vol. in-8. 6 fr.

RÉSISTANCE DES MATÉRIAUX. Résumé des leçons données à l'École des ponts et chaussées sur la RÉSISTANCE DES MATÉRIAUX et sur l'établissement des constructions en terre, en maçonnerie et en charpente, par NAVIER, *de l'Institut, inspect. div. des ponts et chauss.*, 3e *édition* annotée et complétée par BARRÉ DE SAINT-VENANT, *ingén. en chef des ponts et chauss.* 1 fort vol. in-8, avec des planches et un grand nombre de figures dans le texte (*sous presse; paraîtra prochainement*).

MÉCANIQUE. LEÇONS DE MÉCANIQUE ÉLÉMENTAIRE, contenant toutes les connaissances nécessaires à ceux qui se destinent au baccalauréat ès sciences, aux écoles spéciales du gouvernement, à l'École centrale des arts et manufactures, et à ceux qui suivent les cours des écoles professionnelles et des nouvelles facultés des sciences appliquées, par MM. Henry HABANT, *Licencié ès Siences,* et Pierre LAFFITTE, *Professeur de Mathématiques.* 1 vol. in-8, imprimé sur papier glacé, orné de 195 figures dans le texte et une planche. Paris, 1858. 6 fr.

Paris. — Imprimé par E. Thunot et Ce, 26, rue Racine.

www.ingramcontent.com/pod-product-compliance
Ingram Content Group UK Ltd.
Pitfield, Milton Keynes, MK11 3LW, UK
UKHW022133190726
13855UKWH00003B/1131

9 782013 061889